省みることの哲学

ジャン・ナベール研究

越門勝彦

La philosophie de la réflexion

東信堂

はしがき

本書は、フランスの哲学者ジャン・ナベール（一八八一～一九六〇）の思想を手がかりとして、自己と倫理という二つのテーマについて考察したものである。

ところで、ナベールとはいかなる人物なのか。ある哲学者はナベールを次のように評している。「彼は、哲学が生活の支えとなり、生活が哲学によって変容を受けることを望んでいた。」[1]

筆者としては、「あなたの哲学ができるだけ多くの読者の生活の支えとなるように、難解な表現は避けるべきだったのではないか」とナベールに横槍を入れたくもなるところだが、ともあれ、彼の哲学が彼自身の生活の支えとなり、生活を変容させる力として機能していたことは間違いない。彼は、哲学が生活にどのような作用を及ぼすのかという一般的な問題を設定し、その問題を哲学的に考察する中で得られた結論を、個人としての自己の生活に反映させていたと思われる。議論の道具立ては伝統的な哲学の概念から借りてきたものであっても、問題意識は常に生活の場面から立ち上がっている。

筆者は、ナベールのこの精神に共鳴し、生活を支え時には生活を変成させる力として働く哲学のありようをナベールのテクストから浮かび上がらせることを試みた。もちろん本書はナベール哲学の研究である以上、哲学的観点から彼の議論を検討することが第一の目的ではある。だが、その議論は生活の現実に即応しているか、また、そこで得られた知識がどのようにして生活を変容しうるか、という一貫した問題関心が研究に方向付けを与えている。

ナベールの詳細な紹介は序文に委ね、ここでは、自己と倫理という本書のテーマを、「自分らしさとは何か」および「倫理的とはどういうことか」といった、生活の場面で頻繁に取りざたされる問題として捉え直し、この問題に対してナベール哲学の立場からはどのようなことが言えるかを、極めて単純化した形で示しておく。これによって、本書で展開される議論の内容を概観してもらうことにしよう。

「自分らしさとは何か」

ナベールは自由について考えるところからこの問題に取り掛かる。

一般に、自由と聞いてまず連想するのは選択であろう。自由は選択と切り離せない。その選択には、昼に何を食べるかといった瑣末なことから就職や結婚など人生を左右する決断まで様々なレベルがある。日常生活において選択と言えば、真っ先に商品の購入が思い浮かぶのではないか。この種の選択に関しては、値段、品質、デザインなど選択の基準が明確なので、あとはどの基準を優先するかの問題でしかない。他方、生き方の問題、例えば、どのような職業に就き、人生において仕事をどのように位置づけるか、または、特定の人物との関係をどのような形で維持するか、他者一般に対してどのような態度で接するか、といった問題では、選択の基準そのものが曖昧で、自ら明晰化する必要がある。そこで、多くの人は明晰化しようと努力する。しかし、いくら明晰化を試みても成果が得られない人、あるいは曖昧なままでいいと成り行きに任せる人もいるだろう。いずれにせよ、生き方に関わる選択は容易ではない。

ナベールが著書『自由の内的経験』や『倫理学要綱』で対象とするのはこうした選択である。生き方に関わる選択を実行するときのわれわれの意識のありようを、彼は哲学的に定式化しようと試みるのである。

実生活を顧みたとき、生き方に関わる選択、人生の指針の選択こそ、困難かつ切実な問題として存在する。どういうふうに、何を大事にして生きればいいのか。その答えがなかなか見出せない。そして、この困難な問題は、時として、いわゆる私探し、「本当の私」を発見する試みへと形を変えて現れる。私探しは若者に特有の傾向として語られるが、程度の差はあれ、人間が誰しもとらわれうる衝動だろう。そこで、この私探しについて考えてみたい。私探しの内実は、実際には個々人によって異なるとは思うが、ここでは一般化した上で、ナベールならそれに対してどのようなことを語るだろうかと想像してみる。

私探しとは、自分の存在への能動的な問いかけというよりは、やりたいことがわからない、本当のところ自分は何がやりたいかわからない、という不安を主に意味すると思われる。そして、わからないから行動に踏み出せない、あるいは、今従事していることに心から打ち込めないと、私探しをしている人は言う。これは、ナベールの用語に変換すれば、「存在への願望」との完全な合致、具体的には、自分にぴったり合った職業・ライフスタイル・人間関係等との邂逅、をひたすら待ち望むという状況である。しかし、ナベールなら、そのような邂逅は決して起こらないと断言するだろう。というのも、これまで「私」が抱いたことのある様々な思い、願望、意図、企て、あるいは中座したものも含めて実行した行動、それらとは独立に、現在の「私」が未だ想像すらできない「本当の私」なるものは存在しないからである。未来の「私」は確かに想像できないけれども、その「私」は、行動を介して徐々に自ずと形成されていくものであり、ただ待ち望んでいるだけで訪れるものではない。

自分が本当にしたいこと、自分がこの世界に存在させたいと望んでいるもの、それをひらめきのような形で直観的に知ることは不可能である。「存在への願望」は、ある日突然、それと分かる仕方で訪れるのではない。そのような僥倖は期待すべくもない。反省と行動により自ら造形していくより他ないのである。つまり、自分の行動、思考、想像などから願望を読み取り、それを自覚的に実行してみるということである。すでに自分がぼんやりと考えたことがあったり、趣味で興じたことがあったり、偶然やってみて関心を持ったり、そういう何気ない経験を反省の材料とし、それを記号として「存在への願望」を読み取ること。これは見方を変えれば、われわれはいつの間にか自分のやりたいことを選び取っており、場合によっては、知らず知らずのうちにすでに行動を開始しているかもしれないということだ。ただし、この考えは、生まれた時点から自己の本質は決まっているというアリストテレスやカントの哲学的立場を代弁するものではない。アンドレ・クレールが指摘するとおり、人間は自分自身になるのであって、「時間を超越した選択によって決定されていない」し、「可想的性格によって構成されていない」[2]。一つ一つの具体的な思いや行動によって自己を創り上げていくのである。

自己自身との不等性あるいは自己の二重性。それがナベール哲学で繰り返される主旋律である。あるべき自己、理想の自己と現実の自己との間には常に隔たりがある。それを埋めようとして自己はあれこれ考え、思い、行動する。すなわち、あるべき自己への生成変化として現実の自己はそのつど存在するのである。私探しをする人々は、そのあるべき自己が見定められない不安を抱えているわけだが、ひょっとして彼らはあるべき自己の選定に揺るぎない根拠を欲しているのだろうか。つまり、単に理想の自己との合致を望んでいるのみならず、何を理想の自己とするべきかについても確実な基準を求めているのだろうか。ナベールによれば、そのような根拠も存在しない。個々人は自らの意志であるべき自己を構想しなければならない。ただ、手がかりが全くないわけではない。やはりかつての思いや行動がヒントになる。ふとした思いつき、ほのかな憧れ、やりかけて中断した計画、それらを丁寧に拾い集める中からあるべき自己が姿を現す。もし、「これが私だ」と実感できる瞬間があるとすれば、それは反省を通してつかみ取った自己を改めて肯定するそのときである。

「倫理的とはどういうことか」

第三部で詳しく述べるように、悪をそれと認め否定するためには「罪の感情」と「正当化できないものの感情」の存在が不可欠である、ナベールはそう主張する。ところで、これらの感情がともに含意し、しかも善の認定にも欠くことができない、それどころかそもそも倫理の成立の条件をなす、そんな根本的な観念がある。それは、他でもありえる／ありえたという他行為可能性の観念である。行為、決断、事態に関して、別様でもありえたという観念こそが倫理の存立を支えている。「倫理とは、諸可能性と、それらのうちの一つを選ぶ意識の作用との関係である」。われわれが行為をなす場合、必ず、いくつかの可能性の中から一つを選んでいる。それで、例えば、われわれは、自己利益を確保する他の行動も取りえたのに他者からの信頼に応える行動を選んだ彼女は誠実だ、と評価したり、他にも言いようがあったのにあんな冷たい言い方をするなんて君は思いやりがない、などと非難したりするのである。他行為可能性の観念があってこそ、自他がなす事態・行動を相対化する余地が生じ、善悪、適否の評価が成立するのである。

逆に、この観念を持たなければ、倫理的な評価が不可能になるのみならず、人を独断に陥らせることにもなる。自分が採用する道徳的規則は絶対に正しいと信じて疑わないことは少しも倫理的ではない。絶対に正しいと信じながらも、例外の存在の可能性を維持することこそが倫理的な態度である。ただし、他行為可能性の観念に基づく倫理は相対主義とは異なる。相対主義があらゆる立場の平準化を原理とするのに対し、他行為可能性の観念に基づく倫理は諸規則間の順序関係の設定を容認するところに特徴がある。つまり、特定の規則を最優先に支持する一方で、他のより正しい規則の可能性も排除しないのである。「存在への願望」、「自己自身との不等性」、「罪の感情」、「正当化できないものの感情」といったナベール哲学の構成要素はすべて、他行為可能性の観念と関連している。それらは、自由、価値、悪を論じる各々の文脈で、他行為可能性の観念がとりうる様々な形態として規定されているのである。

＊　＊　＊

本文では、以上で述べてきた内容がはるかに広範かつ詳細に展開されている。ただ、一読して全体のつながりを理解することは難しいだろう。そこで、議論の全体像をまず把握しておきたいという方は、全体の要約を兼ねた結論が用意してあるので、そちらをまずご覧になることをお勧めする。

目　次／省みることの哲学――ジャン・ナベール研究

装幀：田宮俊和

凡　例

・引用にあたって、ナベールの著作は略号を用いて表した。
(EL) = *L'expérience intérieure de la liberté*（『自由の内的経験』）
(EE) = *Éléments pour une éthique*（『倫理学要綱』）
(EM) = *Essai sur mal*（『悪についての試論』）

・〔　〕内の語句は、引用者による補足である。

省みることの哲学——ジャン・ナベール研究

序文　ジャン・ナベールの生涯と思想

本書は、フランスの哲学者ジャン・ナベールのテクストに即しつつ、自己と倫理という二つのテーマについて考察したものである。以下、①扱うテクスト、②ナベールの生い立ち、③哲学史における位置づけ、④本書の問題関心、⑤構成の説明を、順に述べていく。

①扱うテクスト

ナベールの主著としては、『自由の内的経験 *L'expérience intérieure de la liberté*』(1924)、『倫理学要綱 *Éléments pour une éthique*』(1943)、『悪についての試論 *Essai sur mal*』(1955) がよく知られている。著書としては、遺稿集である『神への願望 *Désir du Dieu*』(1966) がこれらに加わる。本書では、三つの主著と二本の論文を主に扱う。二本の論文とは、一つは『フランス百科事典』の項目解説であり、もう一つは、雑誌に掲載された遺稿論文である。前者は反省哲学を、後者は徳を主題としている。『神への願望』を対象テクストから外したのは、ナベール哲学における神概念の重要性は認めつつも、哲学の次元で、自己と倫理について考察することを本書の目的としているからである。

②ナベールの略歴[3]

一八八一年六月二七日、ドーフィネのイゾーに生まれる。幼少時は、小学校長であった父から非宗教的 laïque 教育を受けた。一〇歳のとき Collège de Bourgoin の寄宿生となるが、厳格な規律には馴染めなかったようである。リセを卒業後は、グルノーブルで学士号を取得し、リヨンで教授資格を取得するため奨学生となる。そこでルイ・ラヴェルと出会っている。

一九〇八年に敬虔なカトリック信者であるジャンヌ・ニースと結婚。兵役の後、一九一〇年に教授資格を取得する（同年の取得者にジャン・ヴァールとガブリエル・マルセルがいる）。第一次世界大戦まで軍港都市ブレストでリセ教師を務める。その間、一男一女をもうける。

一九一四年、第一次世界大戦に従軍するが、負傷してスイスの病院に収容される。そこでグールという神学者と出会い、強い影響を受ける。戦後の一九一九年、メスのリセに任命され、その後は一九四一年まで複数のリセを歴任する。彼は頼みを断れない性格であったらしく、この間、病気の学生を見舞いに行ったり、学生の便宜を図るべく奔走したりしている。一九二四年、博士論文『自由の内的経験』を公刊。第二次大戦中は四四年まで隠棲。四四年に哲学の視学官となり、以降、生涯の終わりまでヴィクトール・クザン図書館の館長職を務める。一九六〇年一〇月、ブルターニュにて世を去る。

最後に、ナベールを評した印象深い一文を再度記しておこう。「彼は、哲学が生活の支えとなり、生活が哲学によって変容を受けることを望んでいた」

③哲学史における位置づけ

哲学史的観点からすると、ナベールは、メーヌ・ド・ビラン、ラシュリエ、ブロンデルを先行者とする反省哲学の系譜に位置づけられる。彼の哲学理論において反省が果たす役割を考えれば、そのことに疑いの余地はない。しかし、その一方で、『自由の内的経験』と『悪についての試論』には、カントの強い影響が見て取れる。特に、後者については、カントの『単なる理性の限界内の宗教』の研究書の観を呈してさえいる。カントを名指しての言及は数えるほどしかないが、問題設定から用語に至るまで、カントの宗教論と重なり合う部分が随所に見られる。ナベールがカントの著作を念頭に置きつつそれを批判的に読解し、自らの理論への組み入れを試みていること、これは間違いない。また、ナベール哲学を総体的に論じた唯一の研究書の著者であるノーランは、フィヒテからの影響を重視している。ノーランの洞察は的確で、フィヒテに限らず、読みようによっては、ドイツ観念論との親近性は極めて高い。

後続の哲学者との影響関係はというと、残念ながら皆無に等しい。二〇〇五年には国際シンポジウムが開催されたが、それ以前はフランス国内でさえナベールの名は忘れ去られていた。ただ一つの例外がリクールである。後述するように、彼はナベールから深い影響を受けたことを明言しているのだが、その発言を待つまでもなく、彼の一連の著述と思索が影響関係を如実に物語っている。再版された『自由の内的経験』の序文、ナベールの哲学理論を記号概念に定位して分析した論文の他、リクールはその著作の中で度々ナベールに言及する。殊更にナベールを名指しして言及しない箇所でも、数々の著作を通じて浮かび上がる問題意識とそれを考察する上での構図に、ナベールの発想との共通性が見て取れる。先行の哲学理論の発展的継承の例は、哲学史において枚挙にいとまが無いが、リクールによるナベールの継承はその中でも極めて大きな生産性をもたらした一例であろう。なお、ナベールを継承しつつ独自の哲学体系を展開している論者が他にいないという事情も手伝って、本書ではリクールを解釈上の主要な参照軸としている。

ナベール研究の大局についても一言触れておこう。一九六二年に Les Etudes philosophiques がナベール特集を組んだ前後は多数の論文が発表され、活況を呈した。その盛り上がりの中で、ナベール哲学の唯一の体系的な研究書であるノーランの『意識の行程』が一九六三年に出版された。テクストに忠実で、しかも平明な文体でナベールの哲学全体を正確に解釈したこの労作は、ナベールの文章が晦渋であるがゆえにいっそう貴重な文献となっている。ナベール研究の基礎がノーランのこの著作とともに築かれたのである。ところが残念なことに、六〇年代後半以降、フランスでのナベール研究は沈滞と言うべき状況にある。

日本では七〇年代に入ってからナベールに関する研究が見られるようになった。増永洋三は、ナベールの価値論をスピリチュアリスムの伝統に位置づけることを試み、久重忠夫は罪悪感に焦点を当てて現象学の観点からナベールを論じている。九〇年代の後半には、杉村靖彦が、リクールの研究書の中でナベールからの影響を主題化している。その後も杉村は、レヴィナスやハイデガーとの比較研究など、独自の視点からナベール研究を継続している。他にも、岩田文昭や高橋克也によって、ナベール哲学の本質を捉えた完成度の高い論文がいくつか発表されている。

④本書の目的と問題関心

フランス本国においても日本においても、モノグラフの形での研究がほとんどなされていないナベールについて、その思想全体を多角的に捉え、解釈し、批判すること、それが本書の目的である。

ただし、単なる骨董趣味からナベールの思想を取り上げるのでは断じてない。先述したように、彼の思想はフランス反省哲学の系譜において重要な位置を占めているにもかかわらず、黙殺に等しい扱いを受けており、そのような現状を改めることが第一の目的である。だが、ナベール研究の意義はそれだけにとどまらない。サルトル、メルロ＝ポンティなどの現象学者が華々しく登場する少し前の時期に、ナベール以外にもラヴェル、ル・センヌなど、一八八〇年代生まれの哲学者達が活躍した。彼らは、二度の世界大戦を経験するという時代背景もあってか、もっぱら、悪、自由、価値、義務など倫理的主題を論じた。ところが、フランスにおける倫理・道徳思想の歴史は、ベルクソンの『道徳と宗教の二源泉』以降、現在盛んに研究されているリクール、レヴィナス、デリダが登場するまでは空白地帯であると一般には目されている。八〇年代生まれの哲学者達の倫理思想の解明を通じて、リクールらによる議論との連続性も考慮しつつ、フランス倫理学史の空白部分を埋めること、これはいずれ果たされるべき課題である。本書はその端緒を開く役割を担おうとするものである。

以上はナベール研究の哲学史上の意義であるが、思想内容それ自体にも興味深い着想が見出せる。それは、アイデンティティの生成変化という共通の観点から自由と倫理について考察するその独自のアプローチである。この試みの成否についての検証は一著を物して取り組む価値が十分にある（ただし、ナベール自身はアイデンティティという言葉はほとんど使用しない）。ナベールによれば、自由な決断や行動は、アイデンティティをそのつど確定もしくは変容させていく、そうした体験として規定される。そして、アイデンティティの生成変化が特定の価値に導かれて一定方向へ進展していく事態こそが倫理の実相であると、彼は主張する。本書では、現代のメタ倫理学の知見も視野に入れた上で、ナベールのこうした着想が倫理学説としてどの程度有効たりうるかを検討する。

⑤議論の構成

繰り返し述べているように、本書のテーマは自己と倫理である。第一部と第二部では自由をめぐる問題を取っ掛りとして反省による自己創造について考察し、第三部では倫理を感情との関連において論じる。

第一部では、ナベールの言う自由の内的経験を主題的に論じる。自由の内的経験とは、「どうしたらいいか」との問いを発し、熟慮し、決断を下すまでのプロセスを意味する。このとき、まずは内的経験の〈始まり〉の特定が主要な問題として浮上する。カントは新たに系列を始める能力として自由を規定したが、その始める能力とは一体何か。そして、〈始まり〉はまさにその瞬間に始まりとして認識可能なのか。これらの問いに対しナベールは、〈始まり〉の直観可能性を明確に否定し、内的経験の〈始まり〉の特定は遡及的にしかなしえず、そこには反省が介在すると主張する。

これを受けて、第二部では、反省概念に焦点を合わせる。反省が〈始まり〉を遡及的に特定するとはいかなる事態であるのか、それを解明する。さらに、反省は道徳的人格の変化をもたらすという、いわば自由論の倫理学的転回を受け、この人格の変化を反省の効果という観点から考察する。

第三部では、ナベール哲学の倫理思想としての側面を明らかにすることに努める。そこで、彼が倫理の成立にとって不可欠の要素と見なす、義務、感情、交流（コミュニケーション）について順次論じる。これらはそれぞれ、自己と他者との関係性のありようの諸相に該当している。こうして、自己の自己に対する関係性の経験であった自由の内的経験から、他者との関係へと議論領域が移行するわけである。

ナベールの倫理学の特徴は、感情が果たす役割に重きを置くところにある。カントは道徳法則への服従と違反だけを基準として善悪を定義し、そこから感情を排除した。これに対し、ナベールは、とりわけ悪に関して、「正当化できないもの」という概念を提示し、われわれが悪を「正当化できない」という感情の相の下で経験することを強調する。ある事柄を悪であると判断し、何らかの働きかけを促すのは「正当化できないもの」の感情だと言うのである。こうした事情を踏まえ、倫理を成立させる三つの要素のうち、特に感情に注目して考察を進める。

第一部　自由の内的経験

序

変えられるものと変えられないもの

世界の全事象のうちには、人間に変えられるものと変えられないものがある。もちろんこの区別は絶対的ではなく、両者の境界線はあいまいであり、しかも絶えず移動している。また、変えられるものの中でも、まったく意のままに操作できるものから多大な努力の末にやっと変えられるものまで様々であるし、変えられないものの中にも、現在は変えられないが、科学技術の進歩や人類全体の考え方の変化によって将来には変えられるようになるかもしれないものもあれば、原理的に変えることが不可能なものもある。自由についての哲学的考察とは、一般的に言えば、変えられるものと変えられないものの境界線の所在をめぐる議論であるか、もしくは、変えられるものの領分の内部構造の分析だと言えよう。

科学技術のおかげで今までは不可能だと思われていたことが次々と実現されていく現代に生きていると、変えられるものより変えられないものの方を思い浮かべるのに苦労するかもしれない。典型的な変えられないもの、意のままにならないものとは何だろうか。ここでは、社会と身体に注目したい。社会とは、詳しく言うと、法、政治、道徳、慣習などを含む、人々の行動や関係性を規制するシステムであり、これらは変わっていくものではあっても、一部の人間が意のままに変えられるものではない（絶大な権力を有する独裁者であっても国民の道徳や慣習を短時間のうちに思いのままに変えるのは困難であろう）。身体については、ここでは姿形や運動能力よりは、情念、あるいは食欲や性欲などの基本的欲求を念頭に置いており、そうした情念や欲求が意のままにならないことを指している。

自由を論じる哲学の一つの目的は、これらの変えられないもの、あるいは変化を阻害する要素を特定し、同時に、変えられるものの範囲を明確にするということにある。それで、制度と自由をめぐる議論は政治的主張の色合いを強く帯びるのである。たとえば、Ｊ・Ｓ・ミルは、国家や社会を変化の阻害要因と特定し、これに対抗して個人の意見や思想の自由、すなわち個人が変えうるものの範囲の保護さらには拡張を主張した。他方、身体の非随意性に関しては、思考の自由との対立図式が強調されてきた。身体は自然法則に縛られており決定論的メカニズムの中で作動するだけだが、思考はそれにとらわれず自由だというのである。叡知界を想定するカントの自由論もこの図式をとっている。

要するに、自由をめぐる論考は、変えられる・意のままになる事柄を、変えられない・意のままにならない事柄から区別して前者を自由と規定し、その内部構造を解明したり、その価値を擁護したり、あるいは境界線を再検討したりすることに精力を傾けるわけである。

ナベールの自由論の特徴

さて、ナベールの自由論はどのようなものか。この大きな枠組みの中でどこに位置づけられるのか。

まず、彼が何を問題にしているのかを確認しておこう。著書『自由の内的経験』だけから判断すると、変えられるものの範囲内での選択、すなわち社会や制度が許容する範囲内での選択のありようをもっぱら問題にしているように見える。つまり、変えられるものの内部構造の解明である。しかし、『倫理学要綱』まで視野に入れると、彼は変えられないものとしての社会や身体についての考察も行っていて、それが自由論へと統合されうるものであることが判明する。

次に、ナベールのアプローチの特徴であるが、これは、変えられないものの捉え方に存する。カントを含めて多くの哲学者は、人間は身体的存在である以上、情念や肉体的欲求を持つことは避けられず、それらが理性的な思考や自由な行動を阻害すると見なす。しかし、ナベールは、情念や欲求を自由と対立させるのではなく、自己実現のための一選択肢と位置づける。どういうことか。人間は状況次第で情念や欲求を抱く。これは避けられない。そして、激しい情念や強烈な欲求は制御不可能であり、理性的思考と自由な行動を妨げてしまう。情念や欲求を理性の行使の障害と見なす哲学者はこうした絶対変えられないものとしての情念を常に想定しているわけである。だが、そのような情念や欲求は現実には極めて稀であり、人によってはまったく生じないだろう。通常人が感じるような情念や欲求は制御可能であり、必ずしも自由の阻害要因にはならない。これは言い換えると、その情念や欲求に従うかどうかを選択できるということである。確かに、われわれは、意に反してある情念や欲求を抱いてしまうかもしれないが、それに基づいて行動するかどうかは自分の自由に属しているのである。さらに言えば、積極的かつ能動的に、まさしく自由に基づいて情念や欲求に従うという選択もありうる。このように情念や欲求が自由な行動の動機となりうるという事実にナベールは注目する（彼は、『倫理学要綱』では、平和や正義などの理念的価値から情念や欲求に至るまで、行動の動機となりうるもの全般を「性向 penchant」と総称して包括的に捉え、諸性向が一本化され目標の実現に向かう過程を記述している）。

ナベールの自由論のもう一つの特徴は、変えられるものの中での選択・決断のありように関わっている。その特徴とは、我有化 s'appropriation という契機の重視である。熟慮した末にある決断を下すとき、われわれはその選び取った選択肢の価値を認めているのだが、他方で、迷っていた別の選択肢にも同様にそれなりの価値を認めていたはずである。では、何が最終的な決断に至らせたのか。選択や決断をめぐる哲学的考察にとってはこの難問が常に立ちはだかる。何らかの精神の作用が働いたには違いないが、それはいかなる作用なのか、という問題である。そこで、ナベールはこう考える。それぞれの価値をよく理解しているいくつかの選択肢の中から一つを選び取るとき、われわれは、そうすることが客観的に正しいと確信していると同時に、他ならぬ自分がその選択肢の価値を実感し、また、それを選び取る自分を肯定しているのだ、と。これをナベールは我有化と呼ぶのである。このように、彼は、変えられるものの範囲を確定してこれを自由と読み替えるだけの自由論とは異なり、自己の自己に対する関係性の概念に依拠しつつ、変えられるものの範囲の内部でいかにして選択がなされるのかという問題にまで切り込むのである。

まとめよう。人間には変えられるものの範囲、すなわち選択の範囲が与えられている。その意味で、人間は有限な存在である。そして、性質を異にする複数の境界線、いわば様々な種類の有限性が存在して、同心円的構造をとっている。最も外側に来る境界線、つまりいかなる人間にも共通の有限性とは、生物としての、身体をもつ存在である限りでの有限性である。人間の身体が生活できる環境は限られているし、また、欲求や情念を払拭できないという意味でも有限である。人間である以上、その境界線を越えて自由であることはできない。次に、人間は社会の中で生き、それゆえ制度の束縛を受けるという意味での有限性である。束縛を無視した行動も物理的には可能だが、制裁への恐れや、内面化した規範によって、実質的には人間の行動は制約されている。ただし、生物としての有限性とは違って境界線を移動させることは可能であるし、まただからこそ、各々の時代・地域に固有の制度により人間に許された自由の度合いは大きく異なる。こうして、身体を持ち、社会生活を営むという性質に課せられた制限の上に、個人の自由が成り立っている。

哲学者は、理性を自由の根拠として、欲求や情念をその自由の阻害要因として概念規定してきた。あるいは、制度による自由の制限を批判して行動の選択の範囲の拡張を主張してきた。あるいは、生物として、社会の一員として許された範囲内での個人の自由の構造を分析したりしてきた。これと比較した場合のナベールの自由論の独自性は、欲求や情念が自由な行動の構成要素となりうることを指摘した点、そして個人的自由の内的構造の解明において我有化という契機に注目した点にある。

第1章　自由意志の感情

1　重要性の地平

ナベールが提示する自由の構造は、何らかの単一の瞬間や心理状態に還元されるものではなく、複合的で複数の契機を含んでいる。客観的な価値や理想に対して改めて承認を与える我有化はその重要な一契機である。価値や理想を我が物とすること、しかも次々と訪れる選択の機会において一貫して同じ価値や理想に沿った選択を行うことを、ナベールは自由の本質と捉えているわけである。すると、彼の考える自由は、何でも好きな通りに選べるという通常理解されている自由とは、幾分意味合いが異なっていることが窺える。その相違についてナベールはどう説明しているのか。彼は、何でもできる、好きなように選べるという意味での自由を「自由意志の感情 le sentiment du libre arbitre」の経験と呼ぶ。『自由の内的経験』の「自由意志の感情」と題された第一章は、可能な選択肢を前にしてあれこれと迷う心のありようが「自由意志の感情」として論じられており、ナベールが言うところの真の自由の経験、すなわち自由の内的経験との相違点が強調されている。彼にとっては、自由の内的経験とは、一つの可能性を選び取りそれを肯定し同意を与える我有化を介した決断・実行、これを重要な側面として含意する。これに対し、「自由意志の感情」は、様々の可能的な行動を想像上で思い描いてみるときに生じる感情である。前者を抜きにして自由を語ることはできず、前者こそ自由の本質であるとナベールは考える。ただし、彼は、「自由意志の感情」を幻想と切って捨てるのでもなければ、ためらいや葛藤の経験を自由から捨象するのでもない。彼の解釈によれば、それらは自由と同一視されるべきものではなく、自由の複合的な構造の副次的な一契機にすぎないのである。

テイラーの議論

『自由の内的な経験』のテクストに即して「自由意志の感情」の内容を精査する前に、チャールズ・テイラーの論考を迂回することで、複数の可能な選択肢が使える状態にある、すなわち、どれでも選びうるという意味での自由の真価を見定めておこう（リクールの『テクストから行動へ』所収の論文「解釈について」に言及しつつ、人間を「自己解釈する動物」と定義するところから察するに、テイラーという哲学者は、問題意識や思考の方向性に関してリクールとの距離は思いのほか近い）。

ここで注目したいのは、テイラーが指摘する、「複数の選択肢から選択することの正当性を強調するあまり、気づいてみると選択肢から重要性を奪い取っていたという状況」[4]である。それはこういうことである。現代文化においては「差異」や「多様性」が積極的に肯定される。その文脈でたとえば、性愛のあり方として、異性愛だけでなく、同性愛の関係に惹かれる人も、自分は劣っているとか間違った道を選択したと感じる必要はない、と人々は語り合う。ところが、こうした言説は、選択それ自体の肯定へ移行してしまうことがある。その移行を促すのは、どの選択肢も自由に選択されうる限りは等しい価値を持っている、つまり、選択それ自体が価値を与える、という発想である。同性愛を選択する人が存在する、言い換えれば、同性愛という性愛の形が選択肢として現に存在するのであれば、その事実を以って、同性愛という選択肢には他の選択肢と等しい価値が保証される、というわけである。テイラーはここに、現代に特徴的な「重要性の地平」の喪失と「主観主義」の出現を見て取る。「主観主義という原理は、［選択に］先立って重要性の地平が存在していることを暗黙のうちに否定する。最初に重要性の地平があって、価値あるものとそれほどでもないもの、さらにまったく価値のないものが区別され、それから選択が行われるにもかかわらず、主観主義の原理は、重要性の地平が前もって存在することを否定する」[5]。その結果、性的指向の選択を正当化しようとするときに、その正当化の決定的理由を選択自体に求めるとなると、「重要な事柄」として問題提起されたはずの性的指向の選択が、パートナーは背が高いのと低いのとどちらがいいかといった単なる好みの選択と同列に置かれてしまうのである。現実には同性愛に抵抗を感じる人は多く、だからこそ、そうした性的指向を選択すること、また選択肢として認めることは重要な意味を持つはずなのに、選択それ自体に価値を与えるがゆえに、性的指向の選択が好みによる選択とないまぜにされてしまうわけである。「同性愛か異性愛かなんて好みの問題だよ」という人は、一見同性愛に対する理解があるように思えるが、本当は、同性愛を選択することに伴う苦労や、当事者の苦悩とそれに続く決心をよく知らないだけではないか。同性愛を選択することは、少なくとも現状では、その人のアイデンティティに深く関わる事柄であって、好みによる選択とは区別されるべきである（テイラーは、誰かが選び取ったという事実がその選択肢に価値を与えるということと、選択という行為それ自体が価値を持つ——これは言い換えれば、自己決定権の尊重である——ということの同一視を暗黙のうちに前提している。これはよく考えてみると別々の事柄であるように思われるのだが、両者は相互に条件付け合う関係にあるので、一つの事柄の別の側面を表していると解釈できる）。

テイラーはこの著書以外のところでも、重要性ないし価値に基づく選択の階層について詳細に論じている。彼は、フランクファートの有名な「一階の欲望 first order desire」と「二階の欲望 second order desire」の区別を受け、反省的に自己の欲望を評価するという営みに注目するその立場に賛同を示す。その上で、欲望の評価を「弱い評価」と「強い評価」という二種類に分ける必要性を説く。前者においては、何かがよいと判断されるためにはただそれが望まれていさえすればよい。欲望の質や価値については問わない。これと対照的に、後者においては、欲望の価値に応じて選択肢が区別される。また、「弱い評価」においては、選択肢同士が衝突し両立不可能となるのは偶然的でしかないが、これに対し、「強い評価」における選択肢相互の両立不可能性は必然的だという違いがある。さらに、「強い評価」だけが、対立しあう選択肢が価値評価の用語により対比的に comparatively 表現される（たとえば、高邁／さもしい、勇敢／臆病という対比によって）。テイラーが挙げている例によれば、エクレアとミルフィーユのいずれを食べるかの選択に際してのそれぞれに対する欲望の評価が「弱い評価」であり、カロリーの取りすぎを医師に注意された人がスイーツを食べるか否かの選択に際して行う欲望ないし動機の評価が「強い評価」である。前者では、当人は二種類のスイーツはいずれもそれなりにおいしそうで魅力的だと感じている。そこにあるのは、おいしそうだから食べたいというただその欲望だけであり、その欲望の価値の比較は問題になっておらず、そもそも価値という面では両者に対する欲望にたいした違いはない。したがって一方の欲望の優越を根拠付けることはできない。また、条件さえ許せば両方を食べることは可能である。これに対し、後者の「強い評価」では、食べたいという欲望と食べたくないという欲望――というより、食べるべきではないとする動機――は価値的に対立している。なぜなら、このとき、当人は、二つの欲望の価値に言及し、しかもそれを対比的に表現するからである。たとえば、決して両立しない〈過剰な食欲〉と〈食欲をコントロールできる人間になりたいという熱望〉の対立として。このような表現を用いる場合、当人は食べないという選択肢の優越性をはっきりと述べることができる。テイラーは、強い評価を「はっきり言葉に表すこと articulacy」によって特徴付けるなど、評価における言語表現の働きを重視するのだが、これは、上の二つの欲望の対比に見られるように、対立的表現がすでに価値判断を含みこんだものになっているからであろう。そのような言語表現を用いることは同時に価値判断を下すことでもある（テイラーはこの箇所で、食べない選択肢が優越することを前提しているが、たとえば、〈身体的欲求には素直に従いたい〉という欲望と〈医師の意見や世間一般の常識に盲従する〉という動機をこの表現の下で対立させ、前者の優越性を心の底から確信する人も、当然いるだろう）。

アイデンティティを規定する事柄が「強い評価」の対象をなす

さて、選択それ自体に先行する重要性の地平とは、「強い評価」の対象となる事柄であることは明白である。性的指向は、(少なくとも同性愛を選択しようとする人にとっては自覚的に)「重要な事柄」であり、対立する選択肢の価値評価すなわち「強い評価」を伴い、それらの選択肢は対比的に表現されるだろう。たとえば、〈人間関係に波風を立てたくない〉と〈自分の率直な感情を行動に表す〉という具合に。

ではここで問おう。「強い評価」を出現させる地平となる事柄、すなわち「重要な事柄」とはどのようなものなのか。テイラーは、個人のアイデンティティを規定する事柄を重要と見なし、そうした事柄に関する評価を強い評価と規定している。彼は言う。「われわれのアイデンティティは、根本的な評価によって規定される。……アイデンティティの概念は、私自身から切り離せない、ある強い評価と結びついている」。[6] 換言すれば、人は、「強い評価」を通じて、自分に属するある特性が重要性を帯びていると確信する何者かとして自分自身をアイデンティファイするというのである。単なる好みの選択と混同されてはならない、その人のアイデンティティを規定するような「重要な事柄」をめぐる選択は、「強い評価」として実行されるわけである。したがって、当然、「強い評価」が対象とする「重要な事柄」は、性的指向や健康維持に限定されない。実際、テイラーは、「歴史、自然、社会、連帯の要求」を「重要な事柄」として列挙する。そしてこう語る。「重要な事柄を背景にして、その背景と照らし合わせることでしか、私は自分のアイデンティティを定義できない。……歴史でも自然の要求でもいい、人間同士のニーズでもシティズンシップの義務でもいい、神のお召しでもいいしここに挙げた以外の何かでもいい、とにかくそうしたものが決定的な重要性を持つ世界に生きるとき、そしてそのときにだけ、私は自分のアイデンティティを、それも陳腐ではないアイデンティティを、自分の力で定義することができる」。[7] 政治哲学的には、これはいわゆる共同体主義に分類される考え方であり、別の立場からの批判もありうるだろうが[8]、真実の一面は確実に言い当てているのではないか。ファッション、食べ物、住居、コレクションなど自分の好みを反映する所有物に託されたアイデンティティは、自分が他人とどこが違うかを示してくれても、自分が何者であるかという問いに答えを与えてくれない。そうではなく、人は、何らかの「重要な事柄」のために——たとえば家族のため、仕事のため、自然環境保護のため、ボランティアを必要とする人々のために——生きている者として自己のアイデンティティを確認する。つまり、好みのレベルでの個人的な価値観の外部にあって、社会の中ですでにその普遍的価値が認められている「重要な事柄」へと自分を関わらせることで、逆説的にも、自分のアイデンティティを自己規定するのである。もちろん、どんな家族、どんな仕事であるかは各人各様であるし、どの程度深くそれに関わるかも人それぞれであろうが、自分が何者であるかを問うたとき、自分に向けても他人に向けても納得のいく答えの枠組みを与えてくれるのは、やはりテイラーの言う「重要な事柄」であって、個人的な好みや趣味ではないと思われる。

「重要な事柄」のメルクマール

ところで、「重要な事柄」に関する選択は、いかにしてアイデンティティを規定することになるのか。言い換えれば、なぜ、性的指向、あるいは歴史、自然、社会に関わる選択はアイデンティティを規定することになって、スイーツの選択はそうならないのか。テイラーはこの根本的な問いに答えていない。「強い評価」に言及することなしにこの問いに応答できなければ、「強い評価」と「重要な事柄」はその定義に関して循環を犯すことになる。

「重要な事柄」に内在する価値の普遍性が一つの答えになりうるだろう。だが、われわれとしてはこれに加えて、「重要な事柄」に関する選択が及ぶ範囲の広がりを挙げておきたい。選択が及ぶ範囲というのは、何かを選ぶことが方向付けることになる、その後の諸行為もしくは諸選択の範囲のことである。食欲のコントロールを決意すること、同性愛を選択すること、環境保護への従事を決意することは、それに続く細々とした選択の場面でも判断基準として効いてくるはずである。それどころか、一生涯にわたる生活スタイルをある程度決定することにもなりうるだろう。他方、迷った末にどちらのスイーツを選んだとしても、その事実は、その後の選択の場面に何の影響も及ぼさない。せいぜい、同じくスイーツを選ぶ場面で、以前のとは別の方を選ばせる効果を持つ程度だろう。このように、時間的・状況的な範囲の広さが二つの選択を分けるのだと思われる。「重要な事柄」に関わる選択は、その範囲が広いゆえに、自己のあり方の統一性、すなわちアイデンティティを規定することになり、「弱い評価」の対象にしかなりえない重要ではない事柄の選択は、その場限りの効果しか持たないのである。[9]

ここで本論に戻って、ナベールの思想との関連を明確にしよう。

以上見てきたように、テイラーは、選択それ自体が価値を持つという現代に特有の傾向について、選択が意味を持つためには「重要な事柄」が先行していなければならないこと、そして、人はその「重要な事柄」をめぐる強い評価によって自己のアイデンティティを決定すること、を指摘する。これは以下で詳しく見ていくナベールの自由論の基本的図式とほぼ重なり合う。だが、もちろん相違点も存在する。

まず、自由とは何かを考えるに当たって、選択それ自体が価値を持つという発想に対しては、ナベールも否定的態度をとる。ただし、それは、社会批判の文脈ではなく、未決定を自由の本質と見なす自由概念に対する批判の文脈における態度である。すでに述べたように、彼によれば、未決定状態（indétermination）あるいは選択可能性としての自由は「自由意志の感情」として経験されるのだが、その経験は、まやかしではないにしても、「自由の内的経験」の副次的な一部でしかない。そこで、ナベールは、自由概念における「自由意志の感情」の位置づけを確認した後は、自由概念の核心をなす自由の内的経験へと主題を移していく。そこでは、意志の働き、つまりある事を始める原因に該当する自発性や、特定の価値ないし理想を主体的に選び取る作用 acte である我有化、さらにはその作用の認識方法である反省などを含んだ、自由の複雑な構造が詳細に論じられる。そして、この我有化と反省が自己の統一性を形成するというのだが、ナベールはテイラーとは違い、この自己の統一性を指し示すのに、アイデンティティという言葉を用いず、性格や人格の概念を適用する。このように、全体としてみれば、ナベールは、行為主体の意識の作用に焦点を当て、自由の経験の内部構造を綿密に分析している点で、テイラーと異なると言えるだろう。だが、いずれにせよ、そのつどの選択の行為ではなく、繰り返される選択の一貫性として現れる自己の統一性を自由の本質的な要素と捉える点ではナベールとテイラーは共通する。

2　未決定状態についての感情

「自由意志の感情」とは、未決定状態に際してわれわれが経験する感情である。選択肢がいくつかあって、そのうちどちら／どれでも選べるが、迷っていて決まらないあるいは決められないという、われわれが日常的に頻繁に経験する感情である。いわゆる「消極的自由」（束縛から解放され、思い通りに振る舞い、選択できるという意味での自由）に属するこうした未決定の感情を、哲学者や心理学者は自由の問題を考える上で重視するが、その正当性は疑わしい。ナベールはそう診断する。そしてその根拠として、「未決定という相の下で捉えられた「自由意志の感情」は、意志的作用のまったく目立たない一要素でしかない」（EL9）と述べ、意志的作用は自由の内的経験の一局面でしかなく、「自由意志の感情」はさらにその意志的作用の一要素でしかない、非常に限定された経験領域であること、この点を強調するのである。

しかし、ミルが主張したような思想・言論の自由とは、何でもできる・選べるという未決定状態としての自由ではないのか。だとすると、ナベールは、この意味での自由の意義を立ち入って考慮するに値しないと見なしていることになるが、これはかなり無謀な主張ではないだろうか。

ここで注意しなければならないのは、社会の制度として選択肢が準備されているという状況、複数の可能な選択肢が与えられている状況と、未決定の感情、つまり「自由意志の感情」とは位相をまったく異にする、ということである。ナベールが問題にしているのは後者の主観的経験である。制度により複数の選択肢が許されているとの信念に立脚しその上でそれらのうちどれを選び取るか迷う状況があり、そこでわれわれが抱く感情という主観的経験の意義を、ナベールは考察しているのである。事実として選択肢が用意されているということと、それを前にしたときの個人の内面とは別の秩序に属する事柄であり、「内的経験」という言葉によく表れているように、ナベールは後者に定位して自由を捉えようとするわけである。したがって、意志的行為を核とする自由概念の中で未決定の感情が副次的な地位しか与えられないとしても、そのことは、複数の選択肢が用意されているという制度的状況の過小評価を意味するものではない。

さて、では、ナベールは、「自由意志の感情」をどのように説明することで、この感情を自由の内的経験の副次的な一局面として規定しなおそうというのか。その内容は、「自由意志の感情」の主要な特徴は可能性の表象（未来の状態の観念）に関わる感情である、という一点に集約できる。これは言い換えれば、可能性の表象ではなく行動の実行や意志作用こそが、自由の内的経験を探し求めるべき場だということである。

「自由意志の感情」が可能性についての感情であることに触れて、ナベールはこう述べる。「われわれは、行動の様々な可能性を想像上でもてあそぶときにこそ、もっとも自分が思いのまま libre だと感じる」（EL11）。このように、「自由意志の感情」とは、複数の選択肢を前にして「あれもできる、これもできる」と、可能性をあれこれ思い描くときに生じる感情である。しかし、選択肢を並べ立てるということは、そのうちの一つを選び取ることを前提とする。つまり、決断を下さねばならないのである。そこでナベールは、最終的には、決断を下す意志の働きとその働きを捉え直し吟味する反省、さらにはその反省に基づいた自己了解を自由の内的経験の主要な局面であると説明する。他方、「自由意志の感情」は、決断に達しない不完全な状態に伴うという側面が強調される。「自由意志の感情」が自由の内的経験の本質から程遠く、自由に達しない不完全さとしてネガティブに規定されるのはなぜなのか。

それは、可能性の諸表象の「戯れ」から生じるこの感情が自由の内的経験を構成する決断や目標といった諸契機によって消え去るものだからだ。「自由意志の感情は行為の直接的な経験から生じるのではなく、行為以前に、その行為の準備に伴う諸表象の戯れから生じる。……、自由意志の感情は行為の埒外に存在する。それは、幕開け前の戯曲のようなもので、役者が最初の一言を発し、最初の身振りを開始するやいなやわれわれの記憶から消え去るものである」（EL45）[10]。複数の表象の関係性から生じる「自由意志の感情」は、行動の実行と相容れないものとして、さらにいえば、行動の実行が霧消させるものとして捉えられている。つまり、どのように行動するか迷うとき、人はあれこれと選択肢を思い浮かべる（表象の戯れ）が、いったん決断し、行動を開始するなら、思い描いていた諸々の選択肢も、それらの間での未決定の感情も消え去る、というわけである。

さらに、統一的な自己了解を支える目標の観念が、ためらいや迷いの発生する余地をなくし、したがって自由意志の感情の出現を根本から阻む。ナベールの表現を借りれば、「様々の異なる選択を秩序付ける目標を、われわれが継続して志すや否や、自由意志の感情は消え去る」（EL10）。というのは、われわれは、たびたび訪れる選択の場面でいくつもの可能な選択肢を前にしながらも、自分が忠実であり続けてきた目標の実現という固定軸があるために、深刻な未決定の状態に陥らないからである。自我が特定の目標や価値観を明確に自覚していて、かつ、常にそれに基づいて忠実に判断する結果、選択の場面で迷うことはないというわけである。こうして目標は自己の統一性を確証することになる。

ただし、「自由意志の感情」は、行動の原因の無知に由来する幻想ではない。ナベールはスピノザに言及しながら、「自由意志の感情」に対するこの種の誤解を解こうとする。スピノザは、人間が確信している自由は、人間が己の行動の真の原因を知らないことに由来すると考えた。そこでナベールはスピノザに反論を試みるのであるが、「自由意志の感情」についての先の説明から判断して、スピノザがまやかしの自由として念頭においているのは「自由意志の感情」であろうがその感情は自由の内的経験と同一視できるものではない、というのがその論拠だと推測されるだろう。ところがそうではない。ナベールは、そもそも「自由意志の感情」を原因の無知には還元しないのである。「選択の原因についての無知が自由意志の感情を生み出すわけではない」（EL18）。スピノザは人間の行動の真の原因を欲望に求めるが、ナベールによれば、欲望についての正しい知識が「自由意志の感情」を消し去るわけではないし、また、欲望が行動の一つの原因だとしても、それが単独でかつ直接的に行動を引き起こすわけではない。問われるべきは、欲望（そのありのままの姿を直観できないというのがナベールの立場である。後で詳しく述べる）が行動の動機へと変形していくプロセスである。そしてそのプロセスにおいて「自由意志の感情」は欲望と動機の媒介の役割を果たす。ここで動機とは、実現した行動の最終的な原因であって、それは、方向性が定まらず現実の行動という出口をいまだ持たない盲目的な衝動としての欲望とは異なる。だから、欲望が行動の原因になるとは、それが動機へと作り上げられるという意味に他ならない。欲望から動機への生成発展の過程では、可能性をあれこれ思い描く段階が不可欠だが（この段階が、制止、待機、熟慮といった人間らしい行動様態を可能にする）、その未決定の状況でわれわれが経験する感情が、「自由意志の感情」なのである。その意味で、「自由意志」の感情は目標達成の手段（EL21）と規定され、自由の内的経験の中に固有の適所を与えられるのである。

第2章　自由の内的経験のプロセス

1　「どうしたらいいか」という問い

「自由意志の感情」の内容を概観したところで、この感情を具体的な経験の中に位置づけてみよう。われわれの生活において未決定の状況はいかなる意味を持っているのだろうか。

われわれは、日常生活のほとんどの部分で迷うということはない。実際には無数の選択をこなしているだろうが、その選択がことさらに意識されるのは稀である。その数少ない自覚的な選択の場面、すなわち迷いが生じる場面こそ、未決定の状況である。そしてそこでわれわれが経験するのが、「自由意志の感情」である。ところで、この未決定の状況は、自由な行為の〈始まり〉と言えるのではないのだろうか。自由意志の感情とは、「自由の内的経験」の〈始まり〉の指標をなすのではないか。なぜなら、迷うということは、生活の自動的な進行を中断し、いわば新たな流れを自ら開始するその準備の機会だからだ。いったん立ち止まって可能な流れを思い描き、その中の一つを選び取る行為が、まさに新たに始めるという事態に該当すると思われる。もちろん、「中断」とか「立ち止まる」という表現、そして実は「始める」という表現も、相対的な意味しか持たない。というのも、個人の迷いとはまったく無関係に、あらゆる出来事を飲み込みながら世界全体は進行し、個人の行動は、その世界の進行を構成する一つの流れにすぎないからである。けれども、その一つの流れに関しては、自分の力で確実に変えることができる。つまり、自分が望ましいものとして思い描く流れを開始することができるのである。テイラーの言う「重要な事柄」に関して自らの価値観や目標が定まっていれば迷いは生じない。だが、迷いのないその状態は、価値観や目標の設定に際しての未決定の状況を潜り抜けた結果である。やはり、価値観や目標の選択という水準で逡巡と決断が行われたのである。

このように見てくると、「どうしたらいいか」という自問によって流れを中断し、可能な流れの方向をいくつかに切り分けて未来へ投射し、その中から選択する、という契機が、自由の内的経験の〈始まり〉に相当するものと思える。とりわけ、「どうしたらいいか」と問いを発するその発意は、複数の可能な選択肢を切り開く意志の働きであり、まさにまさに〈始まり〉の最初の瞬間をなす契機である。

〈始まり〉は他にどのような契機を含むものであろうか。「自由意志の感情」はどうだろうか。すでに見た説明によれば、この感情は、幻想ではないにしても、自由の内的経験を構成する副次的要素にすぎなかった。それは、未決定の感情、したがって可能性の表象に関わる感情であり、現実に行動が実行されることにより霧消してしまうと述べられていた。しかし、当然、行動は可能性の表象と無関係に遂行されるわけではなく、それらの表象が当座の目的を具象化し、われわれは諸目的の中の一つを選んで行動を実行するのだから、「自由意志の感情」は、行動の実行に先立ちそれを導く契機であることに変わりはない。選択のためにあれこれ迷うことそれ自体は自由と同一視できず、「自由意志の感情」が自由の内的経験そのものではないとしても、内的経験の〈始まり〉をなすという意味では、「自由意志の感情」は自由の重要な一行程を構成していると考えられるのである。

2　動機と我有化

〈始まり〉についてさらに考察を進めてみよう。ナベール自身、「自由の内的経験が始まりうる瞬間を特定することの重要性を思い出すべきだ」（EL31）と述べて、「始まりをなす作用」（Ibid.）の重要性を認め、この問題に正面から取り組む姿勢を示している。まず注意すべきは、〈始まり〉は相対的な〈始まり〉でしかない、という点である。つまり、自由の内的経験の〈始まり〉と言うとき、それは同質で単一の過程の開始を告げる唯一の瞬間を意味しているのではない、ということに留意すべきなのである。ナベールはこの点を明確に論じてはいないが、事柄の性質からしても、また彼の議論の展開からしても、〈始まり〉の意味をこのように理解しなければ筋が通らない。というのは、自由の内的経験は複数の行程に分かれており、個々の行程には固有の〈始まり〉が存在するからである。各行程が相互に異質なものであるとしたら、それぞれの〈始まり〉の性質が互いに異なっているのも当然であろう（すでに明らかなように、〈始まり〉の概念は行為の分節という厄介な問題と深く関わっているのだが、本書ではこの問題を主題的には扱わない）。〈始まり〉はいわば節目であって、一つの行程を終わらせると同時に次の行程の発端をなすわけである。したがって、〈始まり〉は、その後に続く行程によって規定されるだけではなく、どのような行程を終結させるのかという観点からも把握される必要がある。

前節の議論で前景化した〈始まり〉は、発意、すなわち、活動の流れを止めて「どうしたらいいか」という問いかけを発する意志の働きであった。どのような行為や経験も、より長期的な行為や経験の一部分にすぎなかったことが事後的に判明するという仕方で常に入れ子構造を取りうる限り、発意としての〈始まり〉もやはり相対的な意味での〈始まり〉でしかない。それでも、発意は、一般的な見方からすれば、考え、決断し、実行するという一連のプロセスの冒頭に位置づけられるべき契機であろう。そして、内的経験を主題とする以上、「どうしたらいいか」と問いを発するところから行動の実行に至るまでの意識の変容がナベールのさしあたりの関心事である（実行された行動の意味を吟味する営みが反省である）。そして、考えるプロセスに該当する発意と「自由意志の感情」についてはすでに解明された。すると今度は、決断し、実行に至るまでのプロセスの内実が問われることになるだろう。〈始まり〉とはあるプロセスの開始であると同時に先行する別のプロセスの終結でもあると先に述べたが、考えるという純粋に意識的な過程と、「決断」に基づき「実行」された行動が外的世界を変えていくという過程との節目となる〈始まり〉、つまり現実的な行動の〈始まり〉の特定が、次なる問題として浮上するのである。

　整然とした定式化を拒むかのようなナベールのテクストを、複数の〈始まり〉に区切られたプロセスとしての自由概念の枠組みに収まるようあえて解釈するなら、決断に至るまでの過程は熟慮として、決断に相当する意識の作用は我有化として規定されており、この我有化が現実的な行動の〈始まり〉として想定されている、そう推測される。そこで、以下、熟慮と我有化の内実を明らかにすることで、発意に後続する行程を描出していこう。あらかじめ、ナベールの議論の特徴を二点指摘しておきたい。第一に、我有化の機能を説明するに当たって、動機の概念が含意する二重性の分析が要諦を占めていること。第二に、我有化は意識の作用と定義されるのだが、その作用概念が非常に特殊なものであること。この二点に言及しながら、自由の内的経験の後半部を解明していく。

熟慮と我有化

　人は行動を新たに開始する際、選択の余地があると気づくと、立ち止まって「どうしたらいいか」と問う。その行動が前節で述べた「重要な事柄」に関わる場合、あれこれと考える時間は長くなる。ナベールは、「自由意志の感情」、すなわちどれでも選びうるという万能感は、決断が下されるや否や消滅すると語っていたが、人が両立不可能な複数の選択肢にそれぞれの価値を認めるとき、万能感としての自由意志の感情はすでに消滅している。あるいは少なくとも、ポジティブなものではなくなっているはずである。なぜなら、選択とは実現すべき価値の選択であると同時に、断念せねばならない価値の選択でもあるからである。このときのわれわれの実感としては、どれでも選びうる、というよりはむしろ、どれかを選ばなければならない、だろう。そして実際、われわれはどれかを選ぶのであるが、ではいかにして決断・実行に至るのか、それが哲学上の問題として立ち上がるわけである。

この問題に対するナベールの考え方は、大略、次のようなものである。自我が選択を重要な課題として認定すると、選択肢の間の比較検討(熟慮)が始まり、特定の選択肢への同意(我有化)として決断が果たされる。つまり我有化は動機を確定する意識の作用である。彼のこうした考え方の独自性は、従来の自由論が動機を表象――理念や感情を含む広い意味での表象――と同一視し熟慮を表象の連鎖として捉えていることを批判し、動機の作用としての側面を強調する点にある。まずは熟慮と我有化の意味を確認しておく。

熟　慮

熟慮とは、「どうしたらいいか」の問いかけに続いて行われる、複数の可能な選択肢の間での比較検討のことである。「熟慮が始動するのは、十全な意欲をもって解くべき問題を最初の作用によって自分のものとしてからでしかない。外部から押し付けられた問題はよそよそしいものであり続ける。われわれに問題を自分のものとさせる、つまりわれわれを問題へと向かわせるのは、問題のどの側面に注目し、動機を見出せるどの方向へと進んでいくか、これを決定する意識の働きによる」(EL36)。つまり、立ち止まって「どうしたらいいか」と問うていくつかの目標を思い描き、それらに同意し動機として受け入れると、次に、「どれにしようか」という選択をめぐる問いが始まるわけである。何一つ同意できる目標が描けなければ、最初の問いかけはわれわれのうちに動機を引き起こすことなく、したがって新たな行動のきっかけをなす問題となることなく、熟慮するに値しない問いとしてそのまま消滅する。

我有化

熟慮の過程では、様々な目標や理念的対象の表象が思い描かれるが、それらの表象は自ずと変容してゆき動機となって行動の決断・実行を引き起こすわけではない。行動の動機は表象のみならず意識の作用としての側面も併せ持っているのであって、目標として思い描かれている対象ないし事柄を実現したいという意志、すなわち意識の作用が介在しなければ、熟慮は現実の行動へと展開していかない。ナベールはこの意識の作用を我有化と呼ぶ。目標は客体としていわば外部から意識の進行を一定方向へと導く役割を担うが、その目標を我有化する契機がなければ客体としての目標は宙に浮いたままだ、というわけである。「目標が外部から提示される場合でも、意欲が実際に始動するのは、自律的な選択としての最初の同意がなされた後でしかない」(EL34)。「これらの動機は、意識において、それらを採用したり我が物としたりする自我の観念や人格の観念から切り離せない。それらの動機がもし道徳的あるいは哲学的なものであれば、それらは、意識がそれらと一体であると感じる限りにおいてのみ動機となる」(Ibid.)。「どうしたらいいか」と問うた私は、いくつかの目標を選択肢として思い浮かべるだろう。目標はそれ自体が客観的な価値を有しており、私はそのことを理解している。まったく個人的なこだわりを反映した目標であっても、そのようなこだわりにはやはり固有の価値があることを私は認めている[11]。ところが、いかに重要な客観的価値を帯びていようとも、目標が観念として思い浮かべられるだけでは、私はそれを追求しようという気にはならない。たとえば、もし私が景観としての自然の保全や百年後の人類の生活環境といった事柄にいかなる重要性も認めなければ、環境保護という目標は、客観的価値を持つものの、私はその実現へ向けて動くことはない。なぜなら、環境保護という価値観は、一部の人々の強い動機とはなりえても、最終的には私自身の行動の動機となりえないからである。だが逆に、私がある目標もしくは価値観に同意するとき、すなわち、他ならぬ自分が実現すべきものとして受け入れるとき、それらの目標は動機となって私を行動へと向かわせるのである。この同意をナベールは、意識と動機の一体化、あるいは「自我と動機の同一化」(EL38) と表現し、動機出現の条件と規定しているのである[12]。

自由の内的経験の後半部、すなわち「どうしたらいいか」という発問に続く過程とは、まず熟慮の過程であり、次いで、動機を確定する意識の作用である我有化が実質的に決断として機能して熟慮を終結させると同時に、行動の実現の〈始まり〉をなす。これがナベールの描写する自由の内的経験である。ここまでの議論を見る限り、自由に行為する主体の意識のプロセスを哲学的に説明したものとしては特に目新しいところはない。だが、先にも言及したとおり、彼の自由論の独自性は、動機と表象の同一視の批判、そしてこれと表裏をなす動機の作用性格の強調、にある。さらに言えば、表象一元論批判が決定論の否定へと接続する点もまた、特徴的である。順を追って確認していこう。

動機の二重性の分析

意識の作用である我有化が行動の最終的な動機、他ならぬ私自身の動機を形成する。私はこの最終的な動機を携えて行動に踏み切るのだから、我有化は実際には決断として機能しているわけである。ところで、自由の内的経験のプロセスを解明しようとするとき、最大の難所は熟慮から決断への移行に存する。難所であるというのは、移行の瞬間を取り押さえることが容易でないからである。その困難さの一因は、われわれが往々にしていったん下した決断を撤回して熟慮の振り出しに戻ってしまうという事実にある。

けれども、ナベールの見立てによれば、そうした具体的実践に由来する困難さとは別に、内的経験について考察する際の理論的枠組みがいたずらに困難さを生じさせている側面もある、という。「いかなる［表象一元論的な］説明も、諸表象から行為への移行、……移行を準備する要因を理解させてくれない」(EL63)。そして、動機を表象と同一視する発想は動機に内在する二重性(作用と表象)を見落としており、そのために、移行を説明不可能な現象にしてしまうと、彼は指摘する。「動機はそのようなものとして、一方では意識の作用に参与し、他方では心理的諸状態として継起する諸表象の性格に参与する。この名目のもとで、諸動機は相次いで起こり、最終的作用に先立ち、その作用の条件となる。……意志作用の分析を常に困難なものとし、自由の問題の心理的所与の探究を袋小路に度々追いこんできたのは、動機のこの二重的性質である。というのは、心理的観察は、動機のうちに、動機を諸表象の共通法則に服せしめるものしか把握できないからである」(EL95)。ここでのナベールの眼目が一貫して動機の作用的性質に置かれていることは明らかだろう。彼がことさらに動機の作用的性質を主張するのは、動機が一般に固定的な表象もしくは観念と見なされているからである。その証拠に、われわれは、たとえば人助けをした動機を問われると、直接的・個人的な動機としては、同情心や愛着といった表象を、間接的・普遍的な動機としては、正義や連帯といった観念ないしは理念を挙げるのではないか。しかし、動機を静的で固定した表象と同一視してしまうと、何が表象から行動への移行を可能にするのか、何が諸動機の比較検討としての熟慮を終結させて行動のステージへの展開を促すのかという問題が解けないまま残ることになる。同情心を感じていても正義の理念の崇高さを理解していても、行動に及ぶ場合とそうでない場合とがあるが、その違いがどこから生じるのかわからないままとなる。それゆえ、「動かす契機」という字面にも表れている、この「動かす」性質、すなわち作用的性質をぜひ明らかにする必要があり、ナベールは動機のその作用的性質を我有化として定式化したわけである。

知性のダイナミズムあるいはソクラテス的決定論

ところで、表象一元論とは具体的にはどのような考え方を指すのであろうか。ナベールの説明によれば、それは一種の主知主義である。先に述べたように、熟慮がたどった一連の諸表象の因果連関をいくら厳密に検討しても、そこから行為に至る飛躍は見えてこない。表象の連鎖から行為が出現するには、表象だけでは不十分なのである。ナベールはこの点を指摘して次のように言う。「これらの理由［あれこれと考える過程で提起される行為の理由］が十分ではなく、その上に補完的な［動機の］練り上げの作業——ただしわれわれはこれを捕まえられないのだが——が必要なのだとしたら、知性のダイナミズムが別の種類の因果関係に取って代わられるということを認めるべきではないのか。……行為そのものの中には、知的要素の中よりも多くのものが存在する。意識の原因性の問題を［知性のダイナミズムとは］別の仕方で立てるよう強いるのは、精神的実在のこの余剰である」（EI,90）。ここで言う「知性のダイナミズム」とは、思考のみから、つまり知的表象のみから決断が引き出されるとする主知主義的な考え方である。ナベールはこれに対し、表象（あるいは思考）は表象を生み出すだけであり、決断に至るためには「精神的実在の余剰」が介在しているはずだと主張する。さらに、「余剰」が原因となって決断を引き起こすその因果関係に関して、思考のレベルの原因概念、つまり表象相互をつなぐ因果関係における原因概念とは別種の原因概念を想定しなければならないと言い、これを「意識の原因性 causalité de la conscience」と呼ぶ。つまり、ナベールは、人が熟慮した末に決断し行動を実行するときのその決断あるいは行動の原因を意識内部の直観不可能な位相に求め、決断や行動の原因として機能する意識のこうしたありようを「意識の原因性」として規定するのである。表象の連鎖とは異なる地平からの作用が原因となって決断への移行が実現する、言い換えれば、この作用がその後の行動の〈始まり〉になる、というわけである[13]。

ナベールはさらに、「知性のダイナミズム」の実体は一種の決定論に他ならないと指摘する。ただし、そこで想定されている決定論は、ニューロンの発火が原因となって諸種の心理状態ならびに行動が引き起こされるといった生物学的決定論ではない。ナベールは、心と身体の因果関係ではなく、心理状態相互の、あるいは心理状態と行動との因果関係に着目し、後者の因果関係に基づく決定論の難点を摘出しながら、それとの対比において独自の自由概念を展開するのである[14]。そこで標的となっている決定論を、彼は「ソクラテス的決定論」と呼ぶ。ソクラテスは自己を作り上げていくための自己認識の必要性を説いたが、ナベールは自己認識を反省と再定式化した上で、ソクラテスの主張の正当性をいったんは認める。だが、ソクラテスが前提する自己認識の主知主義に対しては疑問を投げかける。「もし自分の決断が、そこにおいては決定付ける諸理由のすべてがそのつどそれとわかる、そんな精神活動の流れによってもたらされるように思われるとしたら、われわれは因果関係の証言を手に入れているのである」(EL84)。回りくどい表現だが、こういう意味だろう。決断に至るまでの動機の練り上げの過程の逐一を明晰に自覚しているとしたら、われわれは動機と決断の因果関係を自ら証明できる、と。ノーランはこの「ソクラテス的決定論」について正確かつ簡潔に次のように解説する。「ソクラテス的決定論を語ることで、われわれは、知性のダイナミズムを、行為の理由を透明にすることで行動の準備をする意識の進展と同一視する」[15]。「知性のダイナミズム」とは、既に述べたように、合理的思考のみから決断が引き出されるとする考え方である。したがって、ノーランはここで、「ソクラテス的決定論」とは、論理的で合理的な思考と、動機を練り上げ行動の理由を明晰化する意識の進展、すなわち熟慮とを同一視する発想だと指摘している。そしてナベールは、ソクラテスの主知主義が前提とする合理的思考と熟慮のこうした同一視に異議を唱えるわけである。

ところで、この主知主義が一種の決定論であるというのは、この立場が、理由の明晰化は合理的推論に従って進展するのでその結果(決断)は予測可能だと見なしているからである。そして、結果が予測可能であると主張するその根拠は、ナベールが次の箇所で言うように、明晰化の各局面での因果関係が、まるで弁証法的推論のように明確に把握できると想定しているからに他ならない。「意識の原因性が諸観念の間の結びつきの確立に汲み尽くされるなら、決断は、それに先行する諸局面と同質なひとつの局面であるはずであり、あるいはむしろ、最後の局面であり、それを準備した弁証法的運動の完成と混同されるはずである」(EL86-7)。こうした決定論に対し、ナベールは、そこでは意識の進展と、合理性に基づく表象ないし観念の連鎖との同一視が前提されていることを指摘し、その上で、決断は表象のみから生起せず、意志的作用の介在が不可欠であり、作用がどのように働くかは合理的推論の枠内に回収できないと主張するわけである。

3　意思決定プロセスの記述①——ベルクソン

ところで、熟慮から決断、行動に至る意識のプロセスを、他の哲学者はどのように記述しているのだろうか。哲学史の観点からナベールに極めて近い位置にある二人の哲学者、ベルクソンとリクールを取り上げてみよう。

まず、ベルクソンについて。彼の『意識に直接与えられたものについての試論』の第三章では自由が主題になっており、そこでは、自我は「深い自我」と「表層的自我」という二つの様相において存在すると述べられている[16]。自我の核心部に当たる「深い自我」においては、感情や観念など意識の諸状態が継起し、それらは切れ目なく移り変わっている。これは「純粋持続」と呼ばれる意識の存在様態である。他方、「表層的自我」においては、意識の諸状態が言語や常識に即して分節され固定されている。言語による分節・固定とは例えばこういうことである。同じ物を食べても味の感じ方は人それぞれ微妙な点で異なるはずだが、われわれは「甘い」、「辛い」といった味覚を表す少数の言葉に合わせて自らの味覚を分節してしまう。また、同じ出来事に対する感想や評価も人により千差万別のはずだが、ぴったり適合する言葉を模索する努力を放棄し、社会で通用している出来合いの意見に当てはめようとする。これが「表層的自我」である。われわれにとっては社会的生活のほうが内的で個人的な生活よりも実際上の重要性を持つので、普段のわれわれは「表層的自我」として物事に対処しており、「深い自我」は鳴りをひそめている。ところが、「重大な状況 circonstances graves」[17]において、「深い自我」が「表層的自我」という外皮を破って出現することがある。ベルクソンはこれを自由と定義するのである。「要するに、自我から、そして自我のみに由来するすべての行為を自由と呼ぶことに決めれば、われわれの人格のしるしを身につけている行為は、真に自由である」[18]。「具体的自我とその自我の果たす行為との関係が自由と呼ばれるのだ」[19]。つまり、「深い自我」が反映した行為が自由だというのである。では、ここで言う「深い自我」とは具体的には何を指しているのか。それは、「われわれの最も内奥の感情、思考、熱望」、「われわれの過去の全経験からなる特定の人生観、要するに幸福や名誉についての個人的な観念」[20]である。自由に行為するときわれわれはまず「自分自身の内に立ち戻り」、「純粋持続に身を置き直す」[21]。そしてそこで、過去の生活において考えたり感じたりする中で纏め上げてきた、人生や幸福や名誉についての独自の方向性を持った価値観、これに基づいて決断し、結果としてこの価値観を反映するような仕方で行動するのである。

ナベールはベルクソンのこうした自由概念をどう捉えているのだろうか。ナベールがそれに言及するのは、いったん退け放棄したと思っていた計画を最終的に採択するという事象について考察する文脈である。ナベールはこの「逆戻り」を「意義深い」と評して重視するのだが、この事象をベルクソンはどのように解釈しているか、それをナベールとともに検討してみよう。

ナベールは次のようにベルクソンの解釈を整理する。ベルクソンの考えによれば、「外部から提示されたものであって深い自我に全く対応していないにもかかわらず今まさに下そうとしていたところの決断があるとして、われわれはそれに対して反乱を起こすのだとしたら、このようにして真の人格と調和する決断に立ち返るのだとしたら」、それは、「注意しているつもりのなかった感情や観念の高まり」が、「個人的な感情を覆い隠す『厚い外皮』を形成する諸動機に表面上では接近していた間中も、起こっていたからである」(EL94)。ベルクソンのこうした着想に対し、ナベールは、「熟慮の表面上の展開」と「選択を命ずる、深くて半ば無意識的なある種の決定論」を並べ立てただけだと批判する。そして、別の解釈——言うまでもなくナベール自身がとる解釈である——が可能だとして、その解釈とは、中断された企てや行為に関しても「意識の原因性」が現に働いていることを認めるものだ、と述べる。

問題の要点は、自分としてはすでに放棄したつもりでいた選択肢を思いがけず選び取ってしまうという事実をどのように説明するか、にある。ベルクソンは、「深い自我」が「表層的自我」を突き破って出現するという図式を提示する。だが、明晰に語りうるのは「表層的自我」の様相での意識状態のみであり、「深い自我」は一種のブラックボックスになっている。放棄したつもりでいた企てを再び取り上げるに至ったその経緯は、「深い自我」において密かに展開するのだから、「半ば無意識的なある種の決定論」として処理されるしかない。これに対し、ナベールは、「逆戻り」は熟慮の一過程であり、それゆえ無意識のうちに進行するのではなく、確実に意識が原因として働いている。つまり、意識の作用が発動していると見るのである。

以上のように、「逆戻り」の解釈を検討する文脈でベルクソンの自我概念を俎上に乗せることにより、この自我概念の問題点、ひいてはベルクソンの自由論が抱える問題点の核心が明らかになる。自我の二様相とは実際には意識状態の二様相のことであるが、一般に両者間の移行がどのようにして行われるのかを、ベルクソンは十分説明していないのである。両者は交互に移り変わるものではなく、いわば表層意識と深層意識として同時進行していて、ある瞬間に深層意識が表出するのだと解してみても、深い自我は何をきっかけにしていかにして表出するのかという問題は依然として残る。しかも、深い自我において何が起こっているかを明確には語りえないがゆえにこの問題はいっそう解きがたい。ナベールの批判はこの点を指摘しているわけである。決断を下すその意識の作用の究明を試みている彼にとっては、自我を二層化したところで問題の解決には程遠く、ベルクソンがいうように深い自我の意識状態で実行された行動が真に自由な行動なのだとしたら、表層的自我から深い自我への転換こそが主題化され解明されるべき事柄なのである。

4　意思決定プロセスの記述②——リクール

次に、ナベールの反省哲学の継承者を自認するリクールが意思決定についてどのように論じているか見てみよう。ナベールは、熟慮を動機の練り上げとして描き出し、熟慮を経ての決断・行動を意識の作用と規定していた。ただし、厳密には、意識の作用は決断や行動の一側面であり、遂行された個別の決断や行動としてのみ具現化し、観察可能となる。そして、決断や行動を引き起こす最初の原因、すなわち作用を生じさせる原因は直接的な経験の対象とはならない、ということであった。

リクールはナベールのこの基本的な発想を受け継ぎつつ、『意志的なものと非意志的なもの』の第一部において、動機の練り上げをより緻密に分析し、より具体的に記述している。彼の議論の特徴は、意識作用を、最終的な決断のときだけ働くのではなく、動機を練り上げていく過程でそのつど働く意志的要素と見なし、これを「注意」と規定するところにある。ここでの注意とは、彼によれば、「対象を変える術」[22]であり、「まなざしの運動」である。それは、具体的には、「価値的局面をかわるがわる時間の中で展開し、強調し、照らし出す」[23]ことであり、「価値の理念の混乱した諸局面を切り分けて、それらを違った諸価値に関連付け、また散らばっている諸局面を統一して単一の価値に関連付けていく」[24]ことである。つまり、動機の練り上げとは、比較考量されている諸価値に交互に注意を振り向けることだというわけである。どの選択肢も固有の意義を持ち、したがって最終的な決断の動機に値する。だからこそ迷いもするのだが、それでも、迷いが永遠に続くことなく決着がつくのは、動機が変化していくからに他ならない。リクールによれば、この変化をもたらすのが注意なのである。注意がそのつど、各々の価値の異なる側面を明瞭にし、それを比べあわせ、一本の線へと縒りあわせていくというわけである。

リクールの意を忖度して、彼の意思決定理論を次のように敷衍できるだろうか。いかなる選択肢も、そしてそれが含意するいかなる価値も、それを評価する基準、つまりものさしによって異なる側面を示す。基準Aでは選択肢xは選択肢yより望ましいが、別の基準Bに照らせば順序が逆転するかもしれない。価値の諸局面を切り分けるというのは、基準Aと基準Bのもとでそれぞれ示される選択肢xの諸側面を区別し、その各々に注意をかわるがわる向けることを指すと思われる。そして、選択肢xとyのどちらが望ましいかの検討とは、基準AとBのそれぞれにおけるxとyの入念な比較と同時に、そもそも比較の基準をAとBのどちらに設定するかの検討を含むだろう（論理的な順序としては基準の選択が先行しなければならないが、現実の人間の思考は両者を明確に区別しないままに、同時に行っている。選択肢間の選択と基準間の選択との区別もまた、リクールの言う、局面を「強調し、照らし出す」、「切り分ける」操作に該当しよう）。さらに、基準Cにおいては、xとyにたいした違いはなく、ある価値観を共有するがゆえに統一的に把握され、これと対立する価値観を含意するzとの比較が重要になってくるかもしれない。「散らばっている諸局面を統一して単一の価値に関連付けていく」とは、こうした操作を意味するのだろう。

以上のような補足を必要とする事実からして、動機の練り上げに関するリクールの記述は十分に緻密ではない。だが、少なくとも彼は、ベルクソンの持続概念、そしてそれに依拠した自由概念の抱える難点の克服に部分的には成功している。その難点とは自発性 spontanéité に関わる（これは、自然に発生ないし進行するという意味であり、意志的というよりはむしろ非意志的であることを意味する）。「深い自我」における意識状態である持続について、ベルクソンは次のように定義する。「純粋な持続とは自我が生きることに身を任せ、現在の状態とそれに先行する諸状態とのあいだに境界を設けることを差し控える場合に、意識の諸状態がとる形態である」[25]。つまり、ベルクソンによれば、動機の練り上げを経て決断に至るプロセス――ベルクソンにとっては持続――は、意識的な操作をあえて差し控えるときに自然に進行するというのである。だが、このように意志的な作用を排除した自発性の次元に祀り上げられれば、動機の練り上げは手付かずのまま放置されるより他ない。リクールは、変化がおのずと進行すると表現するのがふさわしいような位相を意識に認め、おそらくはベルクソンの考えを尊重してのことだろう、この位相を持続と呼ぶ。そして、動機の練り上げをこれと区別して継起と呼び、継起は注意が操っていくプロセスだと述べる。「注意は、その流れそのものが徹底的に非意志的であるような持続を制御する技法である」[26]「持続の能動性の指標が注意である。注意とは操られた継起のことに他ならない」[27]。その操作の内実は先に述べたとおりである。

さらにリクールは、選び取る決断としての注意の働き方を、諸価値の切り分け・関連付け・統合から区別して、「切断」もしくは「停止」と規定する。「選択という出来事そのものを、選択によって断ち切られると同時に完成されもする歴史と見る」[28]。「選択とは立ち止まる注意である」[29]「注意の停止、吟味の終わりは行動の始まりである」[30]。決断とは、ある瞬間に「深い自我」が出現するのでも、なんらかの特別な作用が働くのでもなく、価値観の検討を通して動機を変化させ続ける注意が「まなざしの運動」を停止する出来事なのである。そして、注意の運動を停止し新たに行動を開始することによって、動機の練り上げは完結する。行動を自由の内的経験の新たな局面と見なすなら、行動の開始は、動機の練り上げの終結を存立の条件とするわけである。つまり、決断とは、終わりを記すと同時に始まりを告げる、文字通り画期的な出来事なのである。刻々と対象が移り変わる注意の運動を停止するにはやはり意志的作用が必要だが、ナベールの議論と整合的に理解するなら、これこそ、表象から行動への移行において働くと彼が主張していた「余剰」に相当することになるだろう（ただ、ナベールは、動機の練り上げから決断に至るプロセスに関して、注意による説明だけでは不十分だと指摘している。cf.EL109-10）。

5　無限後退の問題

これまでの議論で、自由の内的経験のプロセスが、発意、熟慮、決断の各ステージに分節化されることが示された。「どうしたらいいか」と問いを発していくつかの選択肢を思い描く。それらの選択肢の比較検討を通じて動機を練り上げていく。特定の動機を我有化し、その動機に基づいて行動を起こすことを決断する。「重要な事柄」に関して自由に選択し行動するときに意識がたどる行程を、ナベールはこのように記述するのである。

ところで、自由の内的経験をめぐる彼の議論は、一貫して意識の作用的側面を強調する点が特徴的である。そこに彼の自由論の特徴がある。発意は一連のプロセスの〈始まり〉をなす作用であり、特定の価値観を他ならぬ自分が実現すべきものとして選び取る我有化も、熟慮を終結させると同時に、現実の行動の〈始まり〉を印付ける作用である。このように、プロセスの節目となる契機はすべて作用的性質を有することが強調される。さらに、動機の二重性の指摘もまた、作用的性質の強調の一環をなすものである。ナベールは、動機を表象に一元化する主知主義に対して、表象だけを考慮していては決断へ踏み切るための要素が不明なまま留まると批判する。そして、表象にとっての「余剰」、すなわち作用の存在が、熟慮が決断へと展開するために不可欠であると主張するのである。

ライルの自由意志批判

ナベールの自由論が意識の作用的性質を最終的な拠り所としていることは疑いない。ところで、意識の作用という概念に全面的に依拠することに問題はないのだろうか。この概念は解消しがたい困難をはらんではいないだろうか。

意志についての伝統的な考え方の先駆的批判者であるギルバート・ライルは、著書『心の概念』で意志作用 volition の実在を否定した。その論拠は多岐に渡るが、中でも本質的かつ目下の議論に直接関係する論点としては、「無限後退の発生」が挙げられる。「[私が引き金を引くということを意志する] その意志作用はそれに先行する他の意志作用によって惹き起こされたものでなければならない。しかし、今度はその意志作用はそれとは別の意志作用によって惹き起こされたものでなければならない。そしてこの過程は無限につづくのである」[31]。「たとえば選択するという働きが『意志による』と記述しうるものであるとするならば、…今度はその選択するという働き自体がそれに先立った選択の結果生じたものであるということになり、これは無限に繰り返されることになる」[32]。ナベールの考えでは、一般に意識の作用——これはライルの言う意志作用にほぼ等しい——が自由の内的経験の節目で新たなステージを開始させる機能を果たす。たとえば、我有化は熟慮を終結させ決断・行動へと導く。これに対し、我有化のような意志的作用を想定しても〈始まり〉の問題の解決には何の役にも立たない、なぜなら当の我有化はいかにして生じたのかという問題が持ち上がり、〈始まり〉は無限に後退していくからである、というのがライルの主張の趣旨である。

さて、ナベールはライルの意志作用批判にどう答えるのか。

結論から先に言うと、ナベールは無限後退の問題に直接言及していない。したがって解決策も提示していない。作用を表象の連鎖とは異なる地平に設定するという発想は、なるほど作用を表象の次元での無限後退から救い出しはする。だが、決断に踏み切らせたその我有化はいかにして生じたのかという問題は未解決のままなのである。ライルは、「心の哲学」と呼ばれる、心的状態をめぐるテクニカルな議論を本領とする思想的系譜の源流に位置づけられる一人であり、そのような哲学者からすると、無限後退を考慮することなく作用概念を導入するナベールのやり方はいかにも安易で粗雑に思えるかもしれない。

しかし、ナベールは、虚構概念のうちに安住して無意味な言説を繰り出しているわけではない。ソクラテス的決定論を解説した箇所で言及した「意識の原因性」の概念が、無限後退の問題の間接的な回答となっていると思われる。

不可視の〈始まり〉としての「意識の原因性」

「意識の原因性」とは、意識の作用が決断や行動の原因として機能する事態を指す。ただし、ここで注意すべきは、原因であるところの意識は、それ以上遡ることのできない第一の原因と措定されている点である。原因たる意識の作用は、どことも知れないところからやって来て、言わば天下り的に決断や行動という結果を引き起こすのである。つまり、第一の原因であるところの意識の作用は直接的な経験の対象たりえない、その実在を直接的に確認できない、ということである。だが、そうすると、「意識の原因性」とは、意識の作用を神秘化する一種の不可知論を招来するのではないか。いかにして熟慮から決断へと移行するのかという自由論の難所を、第一原因としての意識の働きを想定することで乗り越えを図り、しかしその作用の内実については詳しく語らず、またそれを知る方法も提示しないというのでは、無限後退の問題を解決したことにはならず、単に問題を回避しただけということにならないか。

ナベールは確かに、原因それ自体の直観は不可能だと見なしている。しかし、原因について語ることを放棄したわけではない。彼は、結果からの推論により原因たる意識の作用を理解することはできると言う。われわれは、決断もしくは行動という形で実現した諸結果を「記号」とし、その「読解」により原因を理解するというのである（ここで比喩的に用いた「読解」という表現は、第二部で反省と具体化しなおした上で主題的に論じる）[33]。原因たる意識の作用が結果たる決断を引き起こすその瞬間を取り押さえることは原理的に不可能であり、原因の意味は常に事後的に結果からの反照によって明らかにされる。これがナベールの考えである。原因の認識様態が間接的媒介的な理解として明示されること、まずこの点を確認しておきたい。

このことを踏まえると、「意識の原因性」の概念がなぜ無限後退の問題に対する一つの回答たりえているのかがあきらかになる。

無限後退の問題は、〈始まり〉を特定することの困難さに由来している。どのようなもっともらしい〈始まり〉についても、それに先行しそれを生み出した原因を想像しうる。そのように原因をどこまでも遡りうるがゆえに第一の原因たる〈始まり〉は特定できず、無限後退が発生するというわけである。しかし、無限後退が解きがたい問題と化すのは、行為や出来事の〈始まり〉を特定する際の関心あるいは文脈という要因を度外視する限りにおいてである。つまり、実践的な思考の場面では、〈始まり〉を特定する関心や文脈が〈始まり〉の妥当性を確定するのである。たとえば、交通事故の原因の調査は、自動車に構造上の欠陥がない限り、せいぜい運転開始の瞬間までしか遡らない。あるいは逆に、

〈始まり〉を確定することが、それに続くどのようなプロセスが問題となるのかを指示するとも言えよう。

さて、ナベールはいかなる関心のもとに〈始まり〉ないし「意識の原因性」を論じていたか。自由の内的経験を詳らかにするという関心、文脈においてである。確かに、自由の内的経験自体が抽象的な概念であり、したがってこの概念への関心が〈始まり〉を一義的に確定するわけではない。けれども、ナベール自身が自由の内的経験というプロセスをどう捉えるかに応じて、それにふさわしい〈始まり〉が定まってくるはずである。彼は、自由の内的経験の〈始まり〉を、重要な選択を行うそのときに自我を動かしている根本的な願望として措定している。自由に選択する、行為するとは、有体に言って、自分が本当にしたいことをする、ということであり、ナベールは、ではその「本当にしたいこと」とはいかなるものであるのかと問い、「本当にしたいこと」を、あらゆる個別的な意識の作用の起源であるところの〈始まり〉と見なすのである。「意識の原因性」は自由意志の弁護のみを目的とした便宜的な抽象概念ではなく、決断や行動として現実化する願望という内実を備えているのである。

この根本的な願望は『倫理学要綱』において「存在への願望 désir d'être」との表現を与えられ主題化される。ナベールは、価値評価の対象となるような行動や作品を人間が生み出すのは、人間が「存在への願望」を抱き、それによって動かされるからであると説明する。ここでの「存在」とは、「ある」という事実ではなく、「あるべき」、「価値ある」という規範性を意味し、「存在への願望」とは、そのような存在でありたいという願望である。この願望を実現しようとして人間は生産活動を営むのだが、その生産物、すなわち現実の行動や作品は、決してあるべき存在と完全には合致せず、したがって「存在への願望」が満たされることはない。それで、人間は、あるべき存在との合致を目指してさらなる行動や作品を生み出していく。行動や作品は結果であり、その原因たる「存在への願望」は観察されないし、直観されることもない。つまり、自分が本当は何をしたいのか、ということは、自己の内面にいくら目を凝らして眺めたところで発見できるものではなく、自分が実際に何を繰り返し試み、何を繰り返し実行してきたかによって理解できるのである。この願望は、現実の行動や作品とそれとのずれとして経験されるのみである。このような、結果を介しての原因の理解、外部を介しての内面の理解が、先述の「読解」、すなわち反省の構造である（このように「意識の原因性」と「存在への願望」を連続的に捉える見方は本書に固有の解釈である。実際には、最初の著作『自由の内的経験』では「意識の原因性」が、第二の著作『倫理学要綱』では「存在への願望」がそれぞれ別個に論じられており、ナベールは両者の関係に言及していない。だが、自由と価値という二つのテーマを総合的に理解し、そうしてナベール哲学を体系的に読解するためには、「意識の原因性」と「存在への願望」の間に通路を敷くことは不可欠だと思われる）。

第二部　反省による自己の創造

序

これまでの議論を振り返って問題を整理してみよう。出発点は、自由をめぐる問いであった。われわれはどのように自由を経験するのか。この問いを考察する手引きとして自由の内的経験に注目した。そして、未決定の状態とそれに伴う「自由意志の感情」、すなわち、あれもこれもできるという感情は自由の内的経験の一局面でしかないこと、これをまず確認した。次いで、自由の内的経験がいくつかのステージからなるプロセスであり、意識の作用が新たなステージを開始する役割を果たしていることを指摘した。それゆえ意識の作用はプロセスが進行していくために不可欠の契機である。われわれはその作用として、「どうしたらいいか」と問いを発して可能な選択肢を思い描く発意と、特定の価値を他ならぬ自分が実現すべきものとして選び取る我有化の二つに注目した。

ナベールは身体運動という形での実行を自由の内的経験の条件として重視するので、彼が「始まりをなす作用 acte initial」と言うときに主に念頭においているのは、我有化、すなわち行動へと引き継がれる決断の方だと推測される（時間的先行は特に重視されない）。ただし、ナベールの考えでは、自由の内的経験とは決断し行動に移るその瞬間の意識状態を意味するのではない。また、直観ではなく反省こそが意識の作用の認識様態である。決断する瞬間、われわれは確かに何らかの特定の意識状態を経験するだろうが、それ自体が自由の経験なのではなく、反省という仕方でその決断を捉え直すときに初めて、決断は自由の一契機として改めて理解されるというのである。以下、反省について詳しく論じていくが、それは、反省概念がナベール哲学の独創性のメルクマールであるのみならず、自由をめぐる解きがたい問題（〈始まり〉を求めての無限後退）に対する説得力のある応答たりえていると思われるからである。そこで、第一部の自由論を引き継ぎつつ反省を主題化すること、具体的には、反省を介した自己の創造という事態を考察し、この自己創造を含意したものとして自由の内的経験を再解釈すること、これを第二部の目的とする。

構成について概観しておこう。第1章では従来の研究を踏まえて反省概念を定義し分類する。その際、反省の効果という側面に注目する。ナベール自身はこの点を明示的に論じてはいないが、この側面を参照軸として導入することで、反省と自己の創造との関連が明確になると思われる。そこで、第2章以降は、反省に関するナベールの記述を分析した上で、三種類に区別された効果の諸様態を各章で提示する。後述するように反省の効果とはつまるところ自己の創造であるから、そこで示される効果の諸様態とは自己の創造の諸様態でもある。

第1章　反省とはいかなる営みか

1　定義

意識の作用の捉え直し

ナベールの言う反省とはいかなる営みなのか。まずは彼自身の記述を見てみよう。反省は『倫理学要綱』の冒頭で次のように説明されている。「歴史の実質をなす諸出来事について考えるやり方には、決定論的説明を目指すやり方と、それらの出来事がその表現をなしているところの決定、道徳的エネルギー、理念を把握しなおすことに専念するやり方の二通りがある。これとちょうど同じように、自らの過去についても、自我は、自己に固有の歴史 sa propre histoire［物語］の知に向けて努力するが自己自身への関心から解放されているか、あるいは、自己を捉え直し reprendre、自分の行動が行われた文脈に依拠して自己を理解するのみならず、この自己理解を自らの存在の再生産 regénération と合致させるか、このいずれかを行う。自我は、行為そのものにおいてなしうるよりも反省によって、自然の部分と自然を越える熱望 aspiration の部分とをよりよく見分けることを望む」（EE3）。歴史上の出来事の連なりを考察する手法には二種類あり、一方は、出来事を非人称的な事柄として捉え、継起した出来事の因果関係の発見に努めるやり方であり、他方は、その出来事を引き起こした人間主体に注目し、出来事を主体の自由な行為あるいはそのような行為の集積と見なすやり方である。後者は、道徳的価値や理念など、行為主体を動機づけた要因の探究という形をとる。諸個人が自己の過去を振り返るときにも同様に二通りのやり方があるのだとナベールは言う。一方は、自分が何を行ってきたのかを時系列に沿って正確に知ろうとするが、行為主体としての自己自身については問おうとしない。他方は、自分がなぜそのように行動してきたのかを問う、つまり行動の内的な原理を知ろうとし、そうして自己理解を深めようとする。もちろん、行動の動機には本能的欲求のような「自然」も部分的には働いており、その意味では決定論が支配していると言えるが、ここでの自己理解は、「存在への願望」のような「自然」を超える要因をなされた行動に見て取ろうとする営みである。そして、そこで得られた自己理解は行動の指針となり、その後の行動を方向付けることになる。後者のこうした自己認識のあり方こそが、反省である。

われわれは、過去を思い返さないでいることができる。また、想起するにしても、事実確認だけで済ませることもできる。これに対し、反省とは、単なる想起にとどまらず、決断や行動として現れた意識の作用を捉え直す、つまり、なされた決断や行動の回顧を通して自分が根本的なところで何を願い、何を実現しようとしていたのか――そして何を実現し何が実現できなかったのか――を問うことであり、それは結果として自己理解の深化をもたらすのである。

客体化された作用を「記号」とする「読解」

ところで、反省を作用の捉え直しと定義するのは、過去の決断や行動を再び対象化するからというよりはむしろ、反省が作用の直接的な認識ではないという事実に由来する。反省は、決断や行動を媒介とした、作用についての間接的な認識である。間接性、非直観的性格こそ、反省の本質である。

先に無限後退の問題に言及した箇所で、われわれは意識の作用を現場で取り押さえることはできないが、決断もしくは行動という形で実現した作用の諸結果を「記号」とし、その「読解」により原因としての作用の意味を理解するのだと述べた。反省がこのように「記号」の「読解」に準えられるのは、その間接性に具体的なイメージを与えるためである。ただし、記号読解という規定は、反省に偶然的に与えられた比喩では決してない。というのも、直観不可能な意識の作用と、作用がその背後に想定されることで意味の次元を獲得する決断ないし行動（この行動は「存在への願望」の現われであり、「存在への願望」を意味している、というように）との特異な関係性を適確に表しうるのは、記号概念を措いて他にないからである。

実際、反省を記号読解として規定する試みは多くの論者によってなされてきた。例えばノーランはナベールの反省概念について次のように言う。「反省は直接的認識ではない。その役割は現前を回復することではなく、所与を解釈することだ」[34]。「反省は直視ではなく解釈である。反省は、現象を描写するためではなくその意味を解読するために現象に立ち戻るのである」[35]。

また、自らの哲学的立場を反省哲学の系譜に位置づけ、「ジャン・ナベールが私にとってはもっとも際立った思想家である」とナベールからの影響を公言しているリクール[36]は、「ジャン・ナベールにおける作用と記号」と題された論文で、「意識が自己を措定し自己を産出するその作用と、意識の行動の意味を指し示している記号との関係にまつわる困難さ」[37]が主意主義的哲学に共通の問題であると指摘し、動機の二重性に関するナベールの議論に見出される意識の作用と記号の関係を主題的に論じている。記号には直接言及していないが、別のテクストの次の文章もまた、反省を記号読解として定式化した記述と受け取れよう。「反省は直観ではない。あるいはもっと積極的に言うなら、反省とはego cogito の ego を、その対象、その働き、その作用に反映させて回復しようとする努力なのである。ところで、ego の措定はなぜその作用を経由して回復されねばならないのか。それはまさに、自己措定は心理的直接性のうちにも、知的直観のうちにも、神秘的幻影のうちにも与えられていないからである。……『私は存在する、私は考える』という第一真理は、それを客体化する表象、行動、作品、制度、大建造物などによって『媒介される』ことが必要である」[38]。

反省が介在しなければ、行動それ自体は過去の出来事でしかなく、作品それ自体は物体でしかない。反省は、行動の主体、作品を制作した主体の意識を志向する。つまり、行動や作品を意識の作用の客体化すなわち記号と見なし、これを媒介として意識の作用そのものを捉え直そうとする営み、言い換えれば、作用の意味を解釈・解読しようとする営み、それが反省なのである。

ここで言う意識の作用は極めて多くの事柄を指し示す。それは、「存在への願望」といった抽象的な概念に依拠してのみ語りうるものから、行動がなされた状況の個別性に照らして初めて理解される動機に至るまで多種多様である。さらに、制度や大建造物をも記号と捉えるなら、そこに読み取られる作用の意味は、個人的な価値観や願望に収まりきらないものであろう。

哲学史における位置づけ

ナベールが前提としている反省概念は、以上のように、決断や行動あるいは作品として客体化された意識の作用の読解と定義される。では、こうした反省概念は哲学史の中でどのように位置づけられるのだろうか。

ナベールが自らの見解を明確に示したテクストを参照してみよう。そのテクストとは、『フランス百科事典』の「反省哲学」の項目の記述である（一九九四年版の『自由の内的経験』に、autres essais の一つとして所収）。彼はまず、反省哲学という概念に向けられた根本的な批判を受け入れ、「すべての哲学は、多かれ少なかれ反省的であり、また、相対的なものあるいは条件付けられたものの方から絶対的なものを探索する後退的分析 analyse régressive を利用していること」（EL398）を認める。つまり、広い意味で捉えた反省が一部の哲学者に固有の方法論ではないことを認め、一部の哲学理論を特別に反省哲学と括ることへの疑念に一定の共感を示すのである。その上で、いかなる種類の反省を用いているかを検証することこそが肝要だと述べ、反省を二系統に区別する。第一に、「そこにおいては、絶対者こそが、個別的意識の運動において反省される、そんな反省」。そして第二に、「まずは主観そのものを構成し、しかる後に、あらゆる領域における精神の活動の法則や規範――これらは主観の働きに内在する――を再把握する反省」(Ibid.) である。この両者はともに反省と呼ばれるが、ナベールによれば根本的に異質な思考形態である。

前者において、後退的分析は「有限な意識が存在の全存在 tout son être de l'Etre［個別意識が分有する限りでの存在 l'Etre］を保持していることを発見していく運動と合致する」(Ibid.)。「このパースペクティブにおいては、反省とはまさしく有限な意識の始原 principe への回帰 retour である」(EL399)。「［第一の意味での］反省は、創造するというよりむしろ発見するのである。……それが関わるのは、相対的なものや個別的な存在のさなかへの存在あるいは絶対者の現前である」(Ibid.)。つまり、「無限」あるいは「絶対者」が有限な個別の意識に内在しているとの確信の下に、それを発見しようとする後退的分析が第一の反省である。

他方、第二の反省は、「内在性のパースペクティブにおいて、主観、そして主観が保証する諸々の働きに向かう」(Ibid.)。さらに、この反省は、「常に精神をその作用ならびにその産出物において考察すること」、「自己を、自己の能力を、そして自己の真実を主観に確信させるところの始まりをなす作用 acte initial において精神を考察すること」(Ibid.) をその特徴とする。要するに、主観もしくは精神を能動性の核として捉え、それがなす働きや作用、さらにはその作用によって生み出された事物を参照することにより、主観それ自身がいかなるものであるのかを理解する営みが第二の反省なのである。

ナベールはこの第二の反省に注目し、それを実践した代表的な哲学者としてカントとメーヌ・ド・ビランの名を挙げる。そして、第二の反省を、カントとビランをそれぞれ創始者とする二種類の反省概念にさらに区別する。「カントとビランが、反省哲学の二つの流れのそれぞれの源泉に位置する」(EL401)。カントは、あらゆる人間は理性を備え、等しく理性的（合理的）思考が可能であり、そのことが科学的真理の普遍性・客観性を成立させると考えた。したがって、個々の意識の内部での普遍的理性の現われ（たとえば合理的思考の実践）を発見することがカントにとっての反省である[39]。これに対し、ビランが想定する反省とは、たとえば、自分の発した声を聴くといった運動と知覚の複合的現象において、声を発することと聴くことを区別しつつ、その両方が自己の二側面であることの確認、である[40]。この反省概念は、自我は意志的な身体運動の主体として自己の存在を知る、というビラン哲学の根本原則を反映している。運動の主体である自我は、運動ならびにその運動がもたらす事物や状態を生み出す原因として、あるいは、おのれが実行する様々な運動を諸様相とする同一的実体として、自己のあり方を規定していくのだが、それらの諸結果や諸様相から自己を認識するその方法が、ビラン的反省である。

さて、ナベールは、カントとビランは互いに欠けている所を補い合う形で、意識と理性の関係を正確に捉えている、と評価し、それぞれの反省概念に解説を加えるのだが、ビランの反省に圧倒的に多くの分量が割かれている。また、その内容は、まさにナベールが各著作で前提としているものである。したがって、この項目記事では明言されていないが、ナベールは、「反省哲学の二つの流れ」のうち、ビランを源泉にもつ方に与していると容易に推測される。そこで、自らの方法論に他ならないビランの反省を、彼は次のように記述する。「反省にとっては、作用とそれを客体化するところの意味作用 signification の内密な関係が重要なのだ。……反省的分析の豊かさは、精神の作用が記号――これは元の作用に対抗する危険性がある――に没入してしまうその瞬間を取り押さえるところにある。……シンボリックな思考というものは、様々な程度・仕方での、精神が自己を認識し実現する途上で描き出す航跡の形状である」(EL408)。「反省的分析は、創造する意識の作用を我が物としつつ、かといってその作用の不毛な反復とはならず、時間、空間、言語、歴史と常に一定程度は結びついて実現された意味作用 signification の方から精神的志向性の獲得を目指す」(Ibid.)。何が意識の作用の記号となるかは、記号が置きいれられた「時間、空間、言語、歴史」によって異なる。つまり、意識の作用は記号たる行動と一対一対応しているわけではない。そこで文脈に応じた柔軟かつ適確な読解が必要となるが、ナベールはこの作業を反省的分析と規定しているわけである。あるいは、ビランの反省概念を緻密に分析したマディニエの著作『意識と意味 signification』に言及して、ナベールはこうも述べている。「シンボルのうちに自らを失うことなく、しかしそこにはまり込まねばならず、かつ記号もしくは空間との協力を受け入れなければならない。そんな作用のうちに現れる、この緊張、この二元性のために、反省的分析は機能する」(Ibid.)。

分かりやすく言い直せばこういうことである。作用とは意識の能動性の発露を表す概念だが、純粋な作用それ自体は経験の対象とはならない。作用とは具体的な何か――決断、行動、発言、さらにはそれらが引き起こす変化――としてのみ経験される。ただし、この点が重要なのだが、それは単なる出来事ではなく、あくまで作用の結果として、作用を意味する記号として現れるのである。もちろん、記号と意識の作用そのものとは同一ではない。作用は記号へと客体化される際に変質を被る。また、同じ決断や行動であっても、それがなされる具体的状況(「時間、空間、言語、歴史」)に応じてその決断や行動から読み取られる作用の意味に異同が生じることもある。しかし、客体化されなければ作用はそもそも経験の対象となりえない。反省とは、こうした根本的な矛盾をはらんだ営みである。

さて、この一連の記述は、ビランを創始者とする反省概念についての、ナベールによる解説である。この解説が先に見たナベールの反省概念の規定とほぼ重なり合っていることに、人は容易に気づくであろう。事典の項目記述という様式に配慮してか、ナベールは自分自身の立場には言及していないが、彼がビランを起源に持つ反省哲学の系譜に属する哲学者であることは疑いない。

２　分　類

事典の項目記述で反省哲学を解説するに際して、ナベールは、どのような種類の反省なのかを明らかにすること、換言すれば、反省の種類を区別することの必要性を説いていた。反省に限らずおよそあらゆる認識形態は、一般性の様々な度合いにおける規定が可能である。反省について言えば、「意識の作用の間接的認識」という極端に抽象的・一般的な規定も、一応は反省の説明になっている。だが、「意識の作用の間接的認識」と規定される限りでの反省なら大部分の哲学が前提としているものだから、そのような規定は、反省概念を指標として特定の思想的系譜を析出する役には立たない。ナベールはそう言うのである。

そこでわれわれは「意識の作用の捉え直し」あるいは「決断や行動を媒介とした記号読解」といった表現によって反省を定義し直した。この定義は反省についての包括的な理解を得る上では有効である。けれども、自己理解・自己創造という事柄についての考察をさらに掘り下げて行くためには、考察の梃子となる反省概念をより精緻化しなければならない。そこで、われわれはナベールに倣って、反省の種類を区別するという方法をとる。

ノーランによる分類

ナベール研究者全般に反省概念の分類という発想が乏しい中、ノーランによる「日常的反省」と「哲学的反省」の区別は一際輝きを放っている。まずはこの区別の意義を検討するところから始めよう。

ノーランは反省を「日常的反省 réflexion vulgaire」（あらゆる人間が自ずと行う反省）と「哲学的反省 réflexion philosophique」（方法としての反省）とに区別する。彼がこのような区別を設ける目的は、ナベールが描写する反省が果たして哲学の方法論たりうるのか、という疑問の解消にある。

ナベールは、デカルトの直接的明証の哲学に対抗して、直観ではなく反省を哲学の方法と位置づけた。彼が描き出す反省とは、過去になした決断や行動の回顧を通じての自己理解である。回顧も自己理解も確かにわれわれの意識的生の重要な一部である。しかし、果たしてそれらが哲学の方法たりうるのか。回顧や自己理解が哲学の方法だとしたら、哲学的思考という営みの固有性が消失してしまうのではないか。当然、こうした疑問が浮上する。そこで、ノーランは、「日常的反省」と「哲学的反省」の区別によってこの疑問の解消を試みるのである。

では、「哲学的反省」、方法としての反省は「日常的反省」からどのように区別されるのか。彼はまず、「日常的反省」の所与である限りでの「経験」の定義から分類を開始する。「意識が自ら構築することができず、ただ確認したり感じ取ったりすることしかできない所与を前にしていると意識が気づくそのたびごとに、一般的に『経験』は存在しているということができるように思われる。たとえば、道徳的経験は、ある種の感情から構成されるのだが、意識は、まずはその感情に触発されてはじめて、その感情の意味を理解しうるのである。それゆえ、いかなる経験においても、意識に対して『受容性』による対応を要求する所与が存在する」[41]。「反省の役割は、直観的所与の分析――これは経験の意味をなすものの再把握を可能にする――により経験を根拠付けることだ。……自由意志の感情は、反省に媒介されてのみ経験となる」[42]。われわれの意識は、どのような決断、行動、作品であれ、最初はそれを直接的所与としてて経験する。そこに反省の入り込む余地はない。だが、われわれはその状態に留まることなく、自己にとってのその所与の意味を理解しようとする。この行動で私は何を実現しようとしたのか、この行動は私にとってどのような意味を持つのか、と。これが反省である。ただし、それは「日常的反省」である。対して、「哲学的反省」は、「あらゆる人間が自ずとなす反省の捉え直し」[43]である。つまり、直接的所与の意味理解が「日常的反省」であり、その「日常的反省」を所与とする高次の反省が「哲学的反省」というわけである。言い換えれば、日常的実践に埋め込まれた反省が「日常的反省」であり、その「日常的反省」について語ることを可能にする反省、いわばメタ反省が「哲学的反省」である。

ノーランのこの区別はくだんの疑問をみごとに払拭してくれる。ナベールが描写する反省は「日常的反省」であり、その描写を可能にした反省、つまり哲学者ナベール自身がペンを手にしながら実践していた反省こそが哲学の方法たる「哲学的反省」なのである。われわれ読者はナベールのテクストに「日常的反省」しか見出さないが、「日常的反省」についてのその記述はナベールが「哲学的反省」を実践した成果だというわけである。

「日常的反省」の種別化

「日常的反省」と「哲学的反省」の区別により、次のことが判明した。われわれが日常生活において実践している反省を対象化して構造を分析し、記号概念を適用してその構造を描出するという作業が「哲学的反省」であり、ナベールにより描写された、われわれが日々実践している営みであるところの反省が「日常的反省」であること。そしてその結果、記号としての決断や行動を「解釈」する営みは「日常的反省」として改めて定式化されたわけである。これは、反省概念の多義性に起因する議論の混乱を防ぎ、ナベールのテクストを参照しての自己理解・自己創造という事柄の探究が「日常的反省」を主題としているのだという認識を読者にもたらしてくれたという意味で、大きな前進と言える。

しかし、反省の分類はこれで十分というわけではない。前節で詳述した「解釈」が哲学の方法論とは異なる「日常的反省」として改めて定義された今、「解釈」とは具体的にどのような営みであるのかを問わねばならない。そして、ナベールが述べていたように反省概念の精緻化のためには分類が不可欠であるとすれば、今度は「解釈」の内実に踏み込んでさらなる種別化を図る必要がある。「意識の作用の捉え直し」、「決断や行動を媒介とした記号読解」、といった図式的説明を繰り返すだけでは探究は進展しない。

では、ナベールは「日常的反省」としての「解釈」をどのようなものとして描いているのか。われわれの見るところ、「解釈」の内実は著作ごとに変化しており、したがってまずは、著作ごとに反省(今後、反省という表記は「日常的反省」としての「解釈」を指し示すものとする)を区別するのが妥当である。第一の著書『自由の内的経験』においては、私は自由であるという信念、すなわち自由への信 croyance à la liberté の形成を論じた文脈で反省への言及が見られる。第二の著書『倫理学要綱』では、反省概念は倫理的色合いを強め、現実の行動と「存在への願望」とのずれの自覚として定式化される。そして第三の著書『悪についての試論』においては、義憤のような道徳的感情や不純な動機を所与とした反省が語られることになる。

以上の区分は、ノーランを初め多くの論者の間で共通了解が成立していると思われる。そこで、本書の第二部の議論も基本的に、著作を単位としたこの区別に沿って進めていく(『悪についての試論』における反省については第三部の第2章で考察する)。ただし、『自由の内的経験』の中には自由への信の形成とは別の形態の反省が見て取れること、この点を強調しておきたい。われわれはその反省形態を「行為の実行による理由の変化」と呼ぶ。それは、行動に先立つ熟慮の過程においてではなく、行動を実行するそのことによって行動の理由が変化するという一見奇妙な事態である。第二部の第3章では、この事態が備えている反省の構造を明らかにする。したがって、第二部で扱う反省は、自由への信の形成、行為の実行による理由の変化、現実の行動と存在への願望とのずれの自覚、の三種である。決断や行動を記号とする「解釈」、という共通の構造を念頭に置きつつ各々の反省形態の個別性に注意を向けるという態度が最も生産的であると信じて、第2章以降、これら三種の反省の内実を個々に解明していく。

3　反省の効果

三種の反省形態の解明に先立ち、われわれが反省のどの局面に注目するのかについて説明を加えておこう。

きっかけと効果

「日常的反省」は決断や行動の意味を事後的に理解しようとする意識の作用である。その限りで、決断を下す作用、行動を起こす作用と同じ身分で、日常的実践の中に埋め込まれている。だとすると、決断や行動には、それらを引き起こすきっかけや、それらの結果としてもたらされる変化が存在するのと等しく、反省にもきっかけと効果（結果）が存在するはずである。われわれは反省のこの二つの契機、とりわけ効果の方に注目する。反省の効果を重視するその理由については後で述べるとして、まず、これら二つの契機に関するノーランの見解を参照してみる。

ノーランは、「日常的反省」と「哲学的反省」の接続を論じた箇所で、「日常的反省」が「哲学的反省」の「出発点」と「終着点」という二重の役割を果たすことを指摘している。彼によれば、「日常的反省」は、「出発点」として「哲学的反省が適用される所与を提供」し、「終着点」として「われわれの生活を実際に変える傾向が哲学的反省にあることを証明する」[44]。「日常的反省」が「哲学的反省」の「出発点」だけでなく「終着点」の役割も果たすのは、「哲学的反省」により形成された「自由のカテゴリー」（第２章の３で主題化する性格や人格のこと。ここでは差し当たり、個別の決断や行動についての「日常的反省の統合・分析により構築される自己像と解しておけばよい）が、その後の「日常的反省」を方向付けることになるからである。「各々の自由のカテゴリーは、まずはそれを規定しその必然性を証明する哲学的反省によって、次いで、経験の中にそれを見出しその実在を実証する自然的反省によって、順々に考察される」[45]。「哲学的反省」が首尾よく遂行された場合、爾後の「日常的反省」は、獲得した自己像を参照軸として個々の事例を「解釈」することになる。そして、こうした「日常的反省」としての「解釈」が円滑に行われるなら、その事実は、獲得した自己像すなわち「自由のカテゴリー」の実在証明となるわけである。

反省の「出発点」と「終着点」への着目という点で、われわれはノーランと問題関心を共有していると言える。だが、何をきっかけとしどのような効果をもたらすのかを問うその当の反省の種類が異なっている。ノーランは「哲学的反省」のきっかけと効果を問い、「日常的反省」がそれらの契機を構成していることを示したのだが、われわれの関心は「日常的反省」のきっかけと効果である。ノーランは「日常的反省」を「自ずとなされる」と定義していたが、それは、哲学的思考の努力をなさなくとも、という意味であって、何らきっかけを持たないという意味ではないだろう。また、効果についても、ノーランは、「日常的反省」が「哲学的反省」に引き継がれ、そこで言語化・概念化されるという接続の構造を前提しているが、両者は接続するとは限らないのではないか(この点は「哲学的反省」をどう定義するかによって意見が分かれるだろう)。つまり、日常生活においては「哲学的反省」への接続とは異なる「日常的反省」の効果が存在し、そのような効果こそ考察に値する、そう思われるのである。ともかく、「日常的反省」のきっかけと効果を本題とする点でわれわれはノーランと立場を異にする。この点を強調しておく。

自己の創造

さて、効果という局面をことさらに強調する理由であるが、これは、反省を自己創造との関連で把握しようとする狙いに由来する。

反省を意識の作用の捉え直しとして定義した本章の冒頭でナベールの文章を引用した。その中で彼は、「自己理解を自らの存在の再生産と合致させる」と語っていた。ここで彼が言わんとしているのは、決断や行動を意識の作用の記号とし、その「解釈」を通して得られた自己理解が、自己を新たに生み出す、ということである。つまり、自己理解と存在の再生産の合致とは、自己を理解し、自己を肯定あるいは否定するその行為が、自己のありようを変えていく、そういった事態を指している。われわれは、反省がもたらすこの自己創造あるいは自己変容を主題に据え、自己創造の諸様態を解明する目的で反省の諸効果の考察に取り組むのである。

以上の理由に加え、反省それ自体ではなく反省の効果しか経験たりえないという事情もある。反省それ自体とは、ここでは意識の作用としての反省という意味である。反省をきっかけと効果という局面に区分する発想は、それら二つの局面と識別可能な純粋な作用そのものとしての反省を想定している。けれども、繰り返し述べてきたように、意識の作用を直接的に捉えることはできない。反省に関しても例外ではなく、反省を意識の作用と見なす限り、反省が働くその瞬間を取り押さえることは原理的に不可能である。この場合、経験の所与たりうるのは反省の効果のみである。前節で反省の諸様態を合計四つ挙げ（自由への信の形成、現実の行動と「存在への願望」のずれの自覚、行動の実行による理由の変化、道徳的感情を所与とした反省）、その効果に注目することを本節で強調しているのだが、厳密に考えれば、それら諸様態はもともと反省の効果に他ならないのである。記号を媒介にして意識の作用を読み取る反省それ自体もまたその諸々の効果を記号として読解するしか把捉のしようがない、という逆説がここにある。

ノーランはこの逆説を根拠に内的経験の認識手法としての反省の不十分さを指摘し、「反省の諸結果を確認する」作業の必要性を主張している。内的経験の十全な理解のためには、純粋な作用としての反省とは独立に、反省の効果を経験的所与として「確認 vérification」する作業が不可欠だというわけである。ノーランのこの主張に異存はない。以下、われわれは反省の諸効果に注目し、それがどのような自己創造をもたらすかを究明するが、諸効果を自己創造に反映させる役割を担うのは反省自身ではなくノーランの言う「確認」であることを予め断っておく。

第2章　自由への信の形成——反省の効果①

1　反省の効果はなぜ信念の形態をとるのか

反省の効果が信念である三つの理由

ナベールは『自由の内的経験』の最終章で、自由への信という概念を導入し、反省、すなわち決断や行動を媒介しての「意識の原因性」の解読が、私は自由であるという信念をもたらすと述べる。自由の内的経験は、最終的に信念という形で定式化されるわけである。ナベールは反省の効果を信と呼ぶ理由を次のように説明している。「意識の原因性を我が物とする反省に見られる、作用のこの二重化 redoublement によって、われわれの自由の物語 l'histoire［歴史］を語る信が生まれる。信というのは、それが次の三つの条件を満たすからである。一つ、信が精神的生の実践的要素に対応していること。それは、信が作用と共に生じ、作用に対する反省によってのみ存続するからである。一つ、信は、知によるいかなる決定論をも超えた主観の原因性を参照すること。一つ、自分に固有の選択に対して注意深い意識にとってこの原因性の帯びる意味が、そこでは、われわれに対して、われわれによって、様々なレベルで明確になる、そんな観念を信は包含していること」(EL138)。「自由の物語を語る信」という表現から、ここで言及されている反省は、個々の行動を結合して自己の連続性の物語を構築する役割を果たしていることが分かる。つまり、自由への信の形成過程の解明は、自己の連続性の物語を構築する操作の解明でもあるのだ。この点は次節で詳しく論じることにして、引用文中の第二、第三の理由から検討していこう。

非知識的形態

第二の理由として述べられているのは、反省の効果としてもたらされる内的状態が知 savoir ではないという事実である。熟慮から決断に至るプロセスを、知性によって客観的知識として捉えようとする試みは、確かに、「作用の諸要素間の連続性であれ、諸作用間の連続性であれ、とにかく連続性を創り出しうる」(EL130)。しかし、たとえ行為者当人による分析であったとしても、諸表象間の必然的結合、すなわち決断に至るまでの心理的所与の連鎖の発見それ自体は自由の経験ではない。「自由の観念は、意志作用の決定要素として現れがちな諸条件についての、おざなりだが作用に密着した調査に存すると誤解されている」(EL136)。自らの決定や行動を客観的立場から分析し、それらの決定要因の特定に成功したとの確信を得たとして、そのときわれわれは自分の行った決断や行動を自由な行為と見なすだろうか。決してそうは見なさないだろう。というのも、熟慮から決断、行動に至るプロセスを不変的で客観的な事実として知るということ、そしてまた各々の局面における決定要因を特定するということは、「意識の原因性」の働く余地を排除し、行動に至るまでのプロセスを決定論に委ねることに等しいからである。自由の経験とは、「意識の原因性」による決断や行動の「産出 productivité」を前提とし、この原因性を反省によって理解するところに成り立つ。そして、「産出の根本的確実性を明確にし、修正し、正当化するのは信」(EL138) なのである。

程度の許容

第三の理由は、自由には程度があることを示している。「自由への信は、［心理的事象とそれ以上遡ることのできない作用との］媒介的役割を果たし、それによって行動主体は自由の程度と種類を確定できる」（EL140）。われわれは、自由か自由でないかといった二分法的な仕方で自由を経験するのではない。完全な不自由も完全な自由も現実にはありえず、熟慮から行動に至るプロセスの中には必ず、作用の発動により決断ないし行動へ移行する局面、すなわち「意識の原因性」に由来する局面と、状況や身体的自然によって必然的に決定された局面とが混在している。われわれは反省によりその部分を分析して、自分がどの程度自由であったかを評定する。言い換えれば、心理的決定論の枠組みに収まらない局面を作用の発動と捉え、それが自分の行動の自由な側面を保証するものと信じるのである。こうした程度を許すという点において、信念は真偽の二分法を原理とする知と異なる。

可変性

残るは第一の理由である。ここにこそナベール哲学の独創的かつ説得力のある主張が垣間見えている。ただ、一見しただけでは真意をつかみにくい主張でもあり、慎重な読みを必要とする。まず上の引用箇所からわかるのは、「意識の原因性を我が物とする反省」は「作用の二重化」であり、この反省が信念と呼ばれるのは、それが「作用と共に生じ、作用に対する反省によってのみ存続する」からだ、ということである。作用の二重化、つまり作用に対する反省（これもまた一つの作用である）とは、具体的には、「なぜあんなことを思いついたのだろう」、「あの状況でのあの振舞は適切だったのだろうか」というように、発問、動機の我有化、決断などの作用について、その理由を問うたり、その妥当性を吟味したりする営みである。

しかし、そのような問いかけや吟味がどのようにして自由への信念を生み出すのだろうか。

自分の決断や行動についての問いかけは、何らかの自己認識――たとえば行動の理由や評価――を結果としてもたらす。ナベールの関心は、反省の効果としてもたらされるこの認識の可変性に向けられている。もし問いかけや吟味から得られた理由や評価が知識に属するのであれば、それが正しいものであるためには不変でなければならず、改めて吟味した結果、異なる理由が導き出されれば、以前の理由は誤りだったことになるだろう。だが、作用の反省がもたらす理由や評価は、反省するたびごとに変化する可能性を常に秘めており、それゆえに信念に区分されるのである。「作用が事象の性格を獲得してしまう前に、そして、作用を実現する運動がまだ形成しつつある間に、意識は、ときおり、作用の準備段階の要素が予想していなかった方向へ、そして常に意識が予感できたよりも根本的に変化してしまったことに気付く。それゆえ、意識は、信じていた自分のありようもしくは望んでいた自分のありようを、自分がなり行くありようと対面させることをどうして避けられようか？　意識の緊張は主観の原因性を評価するための努力を伴う。そしてそのことによって、意識の緊張は信念へと姿を変える」(EL143)。行為の実行が自分のありようをどのように変化させるのかが確定していれば、行為を介した「意識の原因性」の解読である反省によって得られるのは知である。けれども自己のありようの変化は予見不可能であるがゆえに、反省による自己理解は信念の形をとるのである。たとえば、当初は取るに足らないと思っていた決断が爾後の人生の方向を決定づける重要な転機であることが後に判明し、かつてのその決断こそ自分の「意識の原因性」の発露であったのだというように信念が改訂される事実。これが自由への信の可変性である。そして、この信念の変更をもたらすのは、第二番目の引用文中にあるように、行動である。ただし、ここに言う行動は、実践的目的を有する通常の意味での行為に加え、解釈行為としての反省をも含意していると思われる。「この信念は一つの経験である。なぜなら、信念のある形態から別の形態への移行は、作用によって、また作用が動機や思考に刻み付ける動揺によってのみ実行される偶然的移行だからだ。もし自由への信がどこかの点で山場を迎えるかもしくは動かなくなるように思えても、それらの停止点は決して決定的なものではない。なぜなら、行動は、行動それ自身が作り上げるものを解きほぐす［解決する］ことができるからである」(EL144)。「当初はどれほど取るに足らなく見えても、われわれの内的経験を刷新し、自由への信を再び問いに付すことのできない作用は存在しない」(EL162)。

われわれは、いかなる作用に関しても、具体的状況においてそれが何を目指していたか、そしてどのような意義を持っていたか、ということについての信念を持っている。ところが、その信念は、作用が行動となって現実化するその瞬間、さらには、事後的に作用を吟味するそのたびごとに変化する。それは、何らかの情報の付加により以前の信念が誤りであったと判明したからではなく、反省はなされた決断や行動についての一種の解釈ないし評価であるから、既存の解釈に基づく既存の信念が変更される可能性は常に開かれているのである。

2　連続性の構築

自由が信念の形を取る三つの理由を列挙した箇所で、自由への信が「自由の物語 l'histoire［歴史］を語る」と述べられていたことを思い起こそう。ナベールによれば、私は自由であるという信念は個人の物語として体験されるのである。確かに、われわれは自分の来歴を一つのストーリーとして理解し、語る。そうして、物語を構成する様々な行動に一定の方向性を見出すとき、「意識の原因性」の存在を確信し、自分は自由であるとの信念を抱く。信念は物語の形態において語られるというナベールの指摘は納得のいくものである。

だがその一方で、彼は、自由への信を物語として表現することに対してアンビバレントな態度を保持しているように思われる。彼が物語表現を全面的に肯定できないその原因は、意識の諸作用の連続性への懐疑にある。一連の決断や行動を物語として理解し表現することは、意識の諸作用の間に連続性を仮構することである。ナベールは物語表現を知性による連続性の構築と捉えた上で、その手順を次のように記述する。「諸作用の非連続性と諸動機の連帯は同一の事実の二重の結果である。それ自体表象不可能であり、常にその表現を超えている意識の原因性は、われわれにその内容を伝えるためには、動機によって心理的生の網目に組み込まれなければならない」(EL99)。「熟慮の未完の諸作用は諸動機に変換される。連続性を作り出す知性は、それら諸動機の間に、意識の様々なイニシアチヴを相互に関連付け、そうしてそれら諸動機を決断へと導くのに適した関係を見つけ出すだろう」(EL101)。「知性だけが、作用の諸要素間の連続性であれ、諸作用間の連続性であれ、とにかく連続性を創造しうる」(EL130)。一見しただけでは、連続性の構築に対する評価は明らかではない。けれども、やはり、懐疑が表明されていると解するべきである。なぜなら、ナベールはここで、作用が動機に還元されてしまっていることに注意を促しているからである。本書の三二ページで、動機には作用と表象(観念)の二つの側面があることを見た。動機と作用が対比されているこの文脈では、表象としての動機が念頭に置かれているだろう。表象としての動機とは、具体的には、一般的な言葉で表現される欲求、意図、価値、理念などである。それら心理状態の連なりが一直線に決断を導くかのように知性は語るが、意識の諸作用のありようは、知性によって構築された心理状態の連続性とは相容れないのではないか。ナベールはそう問題提起しているのである。

中断をはさんでの実行

われわれは、自由の内的経験を、「どうしたらいいか」という自問、動機の我有化、熟慮、決断、行動と、時間の流れに沿った直線状のプロセスと想定してきた。熟慮の内部でも、複数の選択肢が交互に検討された後決断に到達する、やはり直線状のプロセスを暗黙のうちに想像していた。だが、ナベールは実は自由の内的経験の直線的性格に懐疑的であり、その疑念が、心理状態の連続性によって構造化された物語に対するアンビバレントな態度を生じさせているのである。

では、何が直線的性格に疑念を抱かせるのか。それは、彼が幾度となく言及する「中断をはさんでの実行」という現象であると思われる。

「中断をはさんでの実行」とはどのような現象か。ナベールはこう描写する。「やりかけられた行為が再び取り上げられることがありうる」(EL95)。「たとえば、次のようなことは稀ではない。一度は検討してみたがその後退けられたようであり、自分としてはお払い箱にしたと思っていた企てを、最終的に選び取った、という出来事。もっといい策が見つかった、もう次善の策でしかないと評価されていた解決策へのこの逆戻りは意味深い」(EL94)。ナベールの言うとおり、かつて試みたのだが、そのときは断念した企てを、後になって実行した、という経験はよくある。例えば、買おうか買うまいか迷っていて、いったんは買うのをやめたが、時間をおいてから結局買ったという経験である。あるいは、役者を目指しながら一度は断念し、他の定職に就いたが、かつての夢をあきらめきれず再び役者修行に戻る、という人生の選択である(もちろん、やり直しができないというケースも多く存在する)。ナベールは、「未完 inachvé」の作用、すなわち決断にも行動にも至らない意識の作用の働きを示す事例としてこの種の経験に言及していると思われる(フランス語には、この種の意志の働きを言い表すのにぴったりの velléité という言葉がある)。再開される可能性を残しながらいったんは不発に終わる作用の存在が、自由の内的経験の直線的進行に破綻をもたらすというわけである。

ナベールはここで、われわれに、「意識の原因性」についての見方の根本的な変更を促しているのではないか。熟慮を経ての決断もしくは行動として現れる作用にだけ注目して「意識の原因性」を探り、自由の物語を構築するのは誤りだ。「意識の原因性」を正確に理解するためには、行動の実行に至らない未完の作用の存在にも目を向けるべきだ。彼はそう考えているのである。「表象あるいはすでに形をなした判断の中を受動的に動き回るのではない深い熟慮は、様々な未完の諸作用から成っている。その未完の諸作用において意識の原因性は、諸作用が未完であるその事によってのみ隠されているにすぎない」(EL93)。「熟慮は、意識の未完の作用、すなわち意識の原因性に関与していながら決断にまで高まりはしない諸作用によって特徴付けられる」(EL99)。即座の行動を伴わない未完の作用も意識の原因性を構成する。そしてその作用は原理的に行動の実行に結びつかないのではなく、一定の時間をおいて結びつくかもしれない作用なのである。「ある思考や動機の体系が後続の別の体系によって消し去られたからといって、意識の原因性までが消し去られたと考えないようにしよう。……熟慮の間の魂の諸状態の連続性は、人がいうほど完全なものではないというのも本当だ」(EL95)。

引用した箇所で主題化されている中断は、リクールのいう「まなざしの運動」、すなわち、選択肢が含意する価値のそのつど異なる諸側面に注意を向ける運動として説明できるように見える。ある選択肢から別の選択肢へ注意の対象が移り、またもとの選択肢に注意が向き直るとき、それを中断といえるのではないか。もちろん、事柄としてはそのように捉えることは間違いではない。しかし、実際にはリクール自身は、中断という局面を重視しておらず、その点で彼の説明は不十分である。というのも、彼は、「選択とは立ち止まる注意である」、「注意の停止、吟味の終わりは行動の始まりである」と、注意の停止を熟慮の終結として定義しているからである。言い換えれば、熟慮は連続的直線的プロセスであり、実行を伴う決断が下されれば、そこで熟慮は終結すると彼は前提しているのである。だが、実は終わったようで終わっていない、というのがナベールの見立てである。

熟慮に固有の時間構造

さて、ここで、内的経験のプロセスの直線的性格のみならず、熟慮の過程を事後的に物語る際に前提されている時間構造に関しても見方を改める必要が生じる。熟慮に関しては、一般に次のように想定されている。複数の選択肢のどれを取るかで迷い、決断し、行動に移る。そうして熟慮に終止符を打つ。熟慮の間は比較検討する思考が意識状態の全体を占め、決断とは行動に直結するものを指す。熟慮の中断は自覚的に行われ、中断したときのそのままの意識状態から熟慮が再開される、と。しかし実際には、われわれは、決断を下してそれを実行し、そこで熟慮は終了したつもりでいたのに、しばらくした後に、放棄したはずの選択肢が動機としての力を持ち、すでに下した決断がもたらした一連の事態を覆すような行動を行うことがある。この場合、自分では終了したと考えていた熟慮は、実は続いていたと見るべきであり、したがって、決断と実行による熟慮の終結は暫定的でしかないことになる。つまり、いったんなされた決断を覆す決断が現状では下されていないという状況が熟慮の終結を暫定的に保証するにすぎず、ひとたび放棄した選択肢が復活すれば、その事実が遡及的に熟慮の終結を無効にし、より広範な熟慮のプロセスが出現する。最初の決断で終結したように思われた熟慮の一連のプロセスは、それを覆すことになった決断へ至るプロセスの一部分でしかなかったことが、後者の決断の時点で判明するというわけである。このように、中断をはさんでの実行は熟慮の入れ子構造を示唆する。熟慮の開始と終結は、各時点での私の自己理解の下で規定される相対的な区切りなのである[47]。熟慮が決断へ向けて動機を練り上げていくプロセスであることは動かない。しかし、今や、その時間順序構造を見直す必要が生じているのである。

一般に、原因は時間的に結果に先行すると見なされている。ところが、原因としての意識の作用と結果としての行動との因果関係では、そのような時間的前後関係が常に成り立つとは限らない。中断をはさんでの実行が示唆する入れ子構造とは、未完であるがゆえに原因とは見なされていなかった作用が、中断をおいて実行されたことにより改めて原因と規定されることになる、そのメカニズムである。つまり、結果が確定してから遡及的に原因が特定されるという時間構造である。ナベールは、この特殊な時間構造をもった因果関係を次のように述べる。「発明に先行する発明の条件は実際のところ発明によって引き起こされるのと同様に、作用に心理学的観察を割り当て、作用を経験論的に説明しようとするときに作用に先行するところの作用の諸条件は、［実は］作用の結果ではないのか、あるいはむしろ作用を生み出す意識の原因性ではないのか、と考えてみるべきである」（EL91）。こういうことだろう。ある発明がなされた場合、発明が成功するまでは何がその発明を準備するのか、すなわちどの要因が発明の条件になるのかは知りえない。というのも、当然のことながら、あらかじめ条件が分かっていたらそれは発明ではありえないからだ。発明は試行錯誤を繰り返す中で偶然の力も借りて成し遂げられるのであり、そうしていったん結果が出ると、われわれはそこから遡行して発明の要因を析出していく。熟慮を経ての行動もそれと同じだとナベールは言うのである。心理学的観察は、価値観の我有化、注意の運動といった意識の作用を、行動の実行の条件あるいは原因と見なす。ただし、その考察は、最終的にどのような行動が果たされたのかを把握したうえで、その行動に導く原因だけを選り分け、析出している。つまり、行動という結果から遡及的に原因となる作用を発見する、という手順が取られているのである。「作用に先行するところの諸条件」が実は「作用の結果」だというのは、そういう時間構造を指している。

連続性を構築する目的

自由の物語に内在する連続性・線条性は、中断をはさんでの実行という現象を考慮するなら、その虚構性が露わになる。連続した物語の形で表象された自由への信に対するナベールのアンビバレントな態度は、この事実に由来していることを確認した。

ところで、知性はなぜ連続性を構築するのか。どのような目的で、どのような状況で、知性は連続性を構築しようと試みるのか。あるいは、こう問うてもよい。ナベールは知性を主語に据えて知性が連続性を構築するというが、誰の知性がどのようなときに連続性を構築するのか、と。われわれはどのようなときに知性を働かせ、連続性の物語を紡ぎ出すのか。このように主語を「知性」から「われわれ」に移して考えてみる必要があるのだ。ナベールは、知性が錯綜する多様な動機を関連付けて連続性を仮構する、と述べる。確かに、そのように記述されうるような作業を、われわれは時として行う。つまり、知性を一つの能力として行使するときがある。ではそれはどのようなときなのか、と問う、というように考察を進めていくべきなのだ。ナベール自身は知性の習性を論じているつもりでおり、こうした問題にはまったく無頓着である。しかし、どのようなときにという問いは極めて重要である。なぜなら、構築された連続性は単なる幻想や作り話ではなく、われわれは、特定の状況で、何らかの必要性のゆえにやはり連続性の構築を行うからである。反省と知性との違いは真偽の差異ではなく、その行使が妥当な領域の違いなのである。「表象不可能」で「表現を超えている」「意識の原因性」の概念に依拠することなく、客観的な動機のつらなりによって行動に至るプロセスを理解するのが妥当であり、そうすることが必要となるのはいかなる状況か。

どうやらナベールは、その状況として心理学的な動機の分析を念頭に置いているらしい。「心理学は次のことが分かっていない。心的諸状態の連続性が確実性を欠いていること、心理的生と、その中断と、そして心的諸状態の様々な集合の間でよく起こる断絶とを正確に観察すればそのような連続性の存在は否定されるということ、そして最後に、いずれにせよ連続性が意識の直接与件というよりは知性の作品であるということ」(EL112)。しかし、行動に至るまでの心的諸状態に連続性を見て取ることは、そこに決定論的メカニズムを想定するタイプの心理学だけに特有の傾向ではあるまい。連続性の構築がそうした心理学に限定されるのだとすると、心理学的思考と知性を同一視することになるが、この考え方は無理がある。この考え方は、人間の生にとって連続性の構築が持つ意義を過小評価している。心的状態の連続性は学問上の要請を超えて、日常的実践にまで及ぶ広がりを持った観念である。そのことは、ナベール自身が別の箇所で示唆している。「しかし、この心理学的物語 histoire psychologique もまたよく基礎付けられているというのは、物語を貫く因果性が、知性の援助を得て、意志の働きを説明するお話 récit を構成するよう充てられた心理的所与の中にその痕跡を残しているからである」(EL107)。ナベールはここで、知性が構築する連続性を、意志の働きを説明する「物語(＝歴史)」あるいは「お話」と規定しているのである。この「物語」や「お話」という言葉をどのような意味で解釈するかが問題なのだが、それを単なる作り話としてではなく、リクールが『時間と物語』で明らかにしたような、出来事や行為を理解する基本的な枠組みとして捉えてみる。するとこのとき、連続性の構築とは、「どうしたらいいか」という自問から決断・行動に至るまでのプロセスを一続きの物語として説明すること、すなわち、理解しやすい枠組みに当てはめて説明することだと言える。

他者へ向けての物語

では、連続性の物語は、誰にとって理解できる、もしくは理解しやすい枠組みなのか。

それは、他者にとって、ではないか。もちろん、自己理解を深める目的で物語を構築することもある。だが、われわれが熟慮のプロセス、諸動機のつらなりを、わざわざ理解可能な形で語るという状況は、他者から促されて、そして他者に向けて、という場合が圧倒的に多い。たとえば、他者の精神的・物質的被害という結果を引き起こした行動の責任を問う場面で、人は、「なぜそんなことをしたのか」と行為の理由を問い、行為者当人が熟慮のプロセス、諸動機の連なりについての説明を与えることを要求する。そこで、理由を求められた行為者は、動機の連なりを理解可能な仕方で説明する。言い換えれば、共有できる物語を語らなければならない（事実を捏造するという意味ではない）。その際、決断や行動として現れない意識の作用に忠実であろうとする態度は、他者からの要求に対する応答にとって障害となる。つまり、「表象不可能」で「たえず表現を超えている」「意識の原因性」に全面的に依拠した説明、未完の作用が突如浮上するといった非連続性を容認する説明は、他者には受け入れられないのである。なぜなら、そのような説明は、極端な言い方をすれば、理解可能な理由の提示を拒むものとなりうるからである。具体的には、たとえば次のような釈明。「確かに、彼には以前から良い印象を持っていなかった。だが、あの状況で彼を侮辱したのは、私が突然そうしようと思ったからだ。何か特定の動機があったからではない」。これでは人は納得しないだろう。

ただし、連続性を配慮せず「意識の原因性」に全面的に依拠した説明が妥当性を欠くのと同様に、意志的要素を一切排した連続性の物語もまた、不都合を生じる。先ほどの例で言えば、侮辱した人物は、侮辱された人物に対する自分の否定的な感情の変化を連続的な物語として語るかもしれない。「以前にこんなことがあった。そのとき私は不愉快に感じた。次にこんなことがあった。そのときは、軽蔑の感情も加わった。そして今回のことがあって、その軽蔑の感情が抑えきれないくらい強くなった」。この説明が説得力を持つとすれば、それは、そこで提示されている心的状態の決定機制を他者が受け入れるからだろう。しかし、納得しない人はもちろん、一応は納得する人でさえ、そこに厳密な決定論の存在は認めないのではないか。なぜなら、決定論を認めるということは、意志の働く余地はなく、侮辱の責任は全く問えないと認めることだからである。同じ状態に置かれれば、決定機制に従って誰でも同じように侮辱すると認めることだからであるのだから。したがって、裏を返せば、この説明に納得せず侮辱の責任があると考えるなら、その人は、別様にもできた、すなわち、強い軽蔑の感情を抱いていても人前で侮辱することはない、と判断するからに他ならない。この説明に欠けているのは意志の果たす役割への言及である。一般に、行為の理由の説明を要求するとき、われわれはすでに他人の行為の決定論の綻びを見て取っている。そして最終的にその綻びが閉じ合わされないとき、意識の作用という要因に訴えざるをえないのである。

3　自由のカテゴリーとしての性格と人格

決断や行動を反省することが自己のありようを変化させる事実を、ナベールは『自由の内的経験』の第三章「自由への信」で繰り返し強調する。彼によれば、その変化は、決断や行動の実行の積み重ねが自由への信を醸成し、さらには、「そのようなことをなしうる私」という自己像の形成を促す、という仕方で生じる。この自己像は人格と定義され、人格とならんで性格がともに自由のカテゴリーと規定される。以下、ナベール独自の概念である自由のカテゴリーとしての人格と性格の内容を明らかにしていく。

その際、自己の変容をもたらす重要な要因として反復に注目する。ナベール自身はおそらく自覚していないが、彼の自由論の全体を見渡したとき、自由への信と自由のカテゴリーに言及した後の議論をそれ以前の議論と区別するのは、反復という観点の導入であると思われる。これまでの議論において自由な行為として前提されていたのは、個別的な一回限りの行為、あるいは一回限りの作用であった。しかし、実際には、全く新たな行為というのは稀であり、われわれはほとんどの行為を反復として経験する。そして、細部は異なる状況での決断や行為を反復として経験することによって、自由への信の醸成と自由のカテゴリーである人格の形成が促される。それゆえ、反復に注目する必要がある。

信念の変化をもたらす反復

自由への信は、反省の効果として、少しずつ性質を変えながら、徐々に形成される。つまり、反省は自由への信を生み出すだけでなく、正確には、この信念を変化させるものでもある。そこで、信念の変化という事柄を念頭に置きつつ、ナベールが反省として想定している意識の働きを再検討してみるに、それは、過去の決断や行動を、現在の自分のあり方とは切り離してそれ自体の当否を客観的に評価する、というものではなく、現在の自分との密接な関係におけるかつての行動の評価であることが分かる。別の言い方をすれば、かつて自分がなした行動を現在の自分はどう評価するか、そこに最大の関心があるような評価こそが、自由への信を生み出し、かつ変化させる反省だと思われるのである。かつてと同様に現在の自分も決断し行動するかの吟味、換言すれば想像上で過去の状況に身を置きなおしての再決断、再行動である。

次のような記述もわれわれの解釈を裏付けている。「われわれを自由にするのは過去の作用の理由の分析ではなく、その作用の反復や刷新［繰り返し］renouvellement である。この反復や刷新によって、作用の理由と作用そのものの生成によって生じる理由とが動機へと変換されるのである。というのは、最初の決断の内には、冒険 risque、運［見込み］chance、試みがあるからである。心理的過去への回顧は、選択を支えていた合理的決定論を発見することによって、この冒険性を軽減するように見える。しかし、この冒険、この試みは、諸作用の束によってのみ自由として安定するのだが、これらの作用の中の決定的なものは、往々にして、思考に、それが失い始めた価値を取り戻してやるようわれわれを仕向ける作用であろうとする。それゆえ、自由の内的経験が遂行され、自由への信が構築されうるのは、孤立した作用においてでは決してない」（EL167）。

ナベールの言うかつての作用の「反復」ないし「刷新」とは、過去と同じ状況で再び決断を下し、行動を実行してみることを意味すると思われる。つまり、反省とは過去の作用を客体化しその理由を客観的に分析することではなく、同じ状況に身を置きなおして自分がかつてと同じように行動しうるか否かの吟味なのである。かつての行動の現在における肯定がかつての自己の自由を証明する。自由への信が有するこうした遡及的規定の構造を、ナベールは次のように叙述している。「彼の自由の内的経験は、行動によって開放され陽の目を見た思考が有する傾向――それ以降、次なる振る舞いの動機あるいは目標として現われる傾向――と結びついている。……そんなわけで、重大な決断をなし実現したばかりの人の自由は作用の後になって演じられる」。（EL164）「人が重大な作用あるいは危機と呼ぶものは、ずっと後になって生み出されうるものであり、または全く生み出されないこともありうる」（EL168）。重大さ、つまり行為の意味は、事後的に、同じ状況に身を置いてみての吟味により確認される。それは、自由であるか否かについても同様である。つまり、現在の自分のありようとの関わりにおいて、反省による事後的な吟味を受けることで、過去の行為の自由度が判定されるのである。

次に、第一番目の引用文中の「諸作用の束によってのみ自由として安定する」とはどういう意味だろうか。行為は繰り返されることによって自由という性格を獲得する、そういう事態を指示した表現と受け取れる。例えば次のような事態。私は勇気を試される状況を何度か経験してきた。覚えている限りで最初の経験では、何がなんだか分からないまま、深く考えずに行動した。そして、改めて回顧して初めて、自分がいわゆる勇敢な仕方で振る舞ったことに気づく。その後、二回目、三回目と同種の状況で、私は勇敢な仕方で振る舞った。ただ、最初のときとは異なり、自分が何をすべきか、どうしたいのかを自覚したうえで行動した。そして現在、かつての諸状況を振り返ってみて、やはり同じように勇敢に行動すべきだと思う。このとき、客観的価値を有するという点でのみ行為の「理由」であった勇敢さが、他ならぬ私にとっての行為の「動機」となった、つまり我有化が果たされたのである。このように「理由」が「動機」に変換されて初めて、勇敢に行動することがそのまま自由に行動することに直結する。

後続の行動がかつての行動の肯定ないし否定として機能するという遡及的規定も、こうした反復の構造を示唆している。無我夢中で行動した最初の状況より以降、勇敢に振る舞うことがなければ、つまり一回限りの行為であるなら、私は勇敢であるとはいえないし、勇敢に行動することは私にとって自由の経験たりえない。勇気を試される状況でそれを発揮する行動を反復してこそ、勇敢な振る舞いは、単なる気まぐれではない、私にとって真に自由な行為として認定されるのである。「自由への信が構築されうるのは孤立した作用においてでは決してない」といった表現もこの事実を指示するものと思われる。

未来へ向けての自由

反省をめぐるこれまでの考察では、現在の自分のありようとの関わりにおいて過去の行動を吟味するという側面が強調されている。そして、この場合、反省の効果は、当該の行動を現在の自分も望み、欲し、正しいと認める、要するに自己肯定する限りにおいて私はこれまで自由であった、という信念が形成されるという事態に相当する。

ところで、過去のある行動に対する現在の私の肯定は、そのまま未来の行動にも向けられることは言うまでもない。

勇気が試される状況で勇敢に振る舞った過去を肯定するならば、未来における同様の状況で同様に振る舞うこともまた肯定するはずである。つまり、自由への信は、過去だけでなく未来をも志向するのである。私はこれからも勇敢に振舞うという仕方で自由であり続けるだろう、と信じることによって。

この点はノーランも見落としていない。「自由の経験は過去ではなく未来へ向けられているのだ。自由の経験で感じ取られるもの、それは未来を産出する過去の能力である。……しかしこの未来は私の現在の作用の単なる延長ではない。未来は、それ自体、厳密には私が予見できない諸作用の継続からなるだろう。このように、自由への私の信は単一の作用に依拠することはできない。なぜなら、この作用は、それに続く諸作用に応じてのみ自由なものとして現れるからである」[48]。反省を通して醸成される過去志向的な自由への信は未来を産出する能力を持つ。だが、未来における自由は、すでになされた行為が保証してくれるものではなく、これからなされるであろう「予見できない」行為によって差し当たり担保されているにすぎないというわけである。

ここでノーランは言及していないが、次の事実を指摘しておくことは重要ではないか。その事実とは、過去の回顧によって形成された信念がその後の行動を己の内に回収していく構造、言い換えれば、かつての行動を反省しそれを自己肯定しつつ、同様の状況で同様に自覚的に行動するという状況においては、行動それ自体が、作用に対する反省と等しく「作用の二重化」として機能していること、これである[49]。このような反省にあっては、かつての行動の肯定とはすなわち、今実行されている行動である。かつての行動を実演する、つまり反復だと自覚しつつ行動することは、何より確実にかつての行動に対する肯定を証明する。このとき、反省と行動をことさら区別する理由は見当たらない。反省の効果は自由への信を形成し、変成させることなのだから、少なくとも効果という面では、反省と行動は同一である。

自由のカテゴリー

行動の反復あるいは行動についての反省が自由への信を形成し、それが自由の内的経験の実相をなす。このように自由は信念として体験されるのである。そして、その信念は、過去と未来の両方を志向する。つまり、過去の行為に対しては、自由な行為であったと認定し、同時に、来るべき状況においても同様に行動すべきである／できるだろうと信じる。以上が反省の効果について明らかになった事柄である。

ところで、自由とは誰かの自由である。つまり人称性を有する。もちろん、単独の行動だけを取り上げ、そこに実現された自由を問う見方も成立する。選択に基づいているか、強制や無知といった要素はなかったかを基準として、自由な行為を規定するのである[50]。しかし、ナベールが論じている自由は、こうした行為単位の自由ではなく、いわば人格の自由である。もし自由への信が「私は自由に行動した」という命題で記述されるとしたら、「私は」に強調点が置かれることになる、そのような自由概念が、人格の自由である。単独の行為の自由に注目する立場では、他行為可能性、すなわち別様にもできた、選択の余地があったという事実を自由の条件として最重要視する。これに対し、人格の自由においては、当該人格がなす諸行為の統一性に重点が置かれる。つまり、ある個人の価値観がそのつどの行為に具現していることが自由の条件と見なされるのである。このように外部の環境に影響されることなく一定の価値観に基づいて行動することを自由と規定する点で、人格の自由とは自律としての自由だと言える。

自由の内的経験は紛れもなく人格の自由の経験である。それは私という人格に固有の自由である。諸行為の反復が自由への信を形成するのも、人格という実体的形象が諸行為を束ね統合しているからである。だが、一方で、人格は諸々の行為から切り離されては存立し得ない。そこで、行為の役割を無視することなく、個々の行為と人格の関係が改めて問われなければならない。さらに、この問題と関連して、人格の変化についても考察の必要がある。自律に重点を置く人格の自由も、それが自由概念である以上、別様の可能性すなわち、別の人格でありうる・ありえたという可能性が前提されているはずである。価値観が一生を通して全く変わらないとすれば、それは自律ではなく、むしろ自由の対極に位置する被決定であろう。別様でもありうるのに、あえて特定の価値観を選び取り、それに忠実であるからこその自由なのである。だとすれば、人格は原理的に変化の可能性を保有しているはずである。ではどのように変化するのか、それが問題となる。

人格の自由と言うときの人格概念は、ナベールの枠組みでは、「自由のカテゴリー」に該当する。ノーランの整理に従えば、ナベールはこのカテゴリーを三つに分類しており、「哲学的反省」はこれを「運命」、「全体性」、「無限性」の各観念として発見し、「自然的（日常的）反省」は、「性格」、「人格」、「人格を超越する作用」として発見する。そして、信念の進展に応じて、自由は「運命」から順に「無限性」へと上昇していく[51]。本書では、先述の問題関心に即して、「自然的反省」の対象である性格と人格に注目する。ごく単純化して言えば、性格は自由の経験の決定論的な側面を表わし、人格は動的で可変的な側面を表わしている。

性格

まず性格の方から見ていこう。われわれは、性格という言葉の日常的な用法においてすでに、そこに変えられないものを見て取っている。変えられないものとは、生得的な所与や獲得された傾向性、具体的に言えば、生まれつきの気質や環境によって形成された慣習である。人は、怒りっぽい気質や時間にルーズな行動様式のために他人に迷惑をかけたり、自分が損をしたりするたびごとに、この気質ないし慣習を変えなければと思うのだが、簡単には変えられない。もちろん、不利益をもたらす性格ばかりではない。好ましい性格や、正負いずれの価値も持たない性格も存在する。ただ、そうした性格は、不利益をもたらす性格に比べて痛切に自覚される機会は少ないだろう。いずれにせよ、性格は変えられないものとしてわれわれに内在している。ナベールは性格のこうした側面を強調するために、われわれにとって性格は運命として現れると述べる。「性格はわれわれに対して、すべての行動の中に潜り込み、決まってより上の目標を見失わせる『運命』の相の下で現れる」（EL158）。われわれは性格を自分に課せられた運命として了解するというのである。さらに、ナベールは、性格を「受動性」あるいは「抵抗」とも表現する。これらは、性格の変えられないという性質、受け入れるしかない性質を指示している。

しかし同時に、彼は、「意識はこの受動性を我有化しなければならない」（EL152）、「意識が直面する抵抗の性質、機能、起源について知らなければ、なぜ自分がそれと出会い、いかにしてそれを乗り越えるのかを理解できない」（EL153）と主張する。では、「受動性の我有化」とは具体的にどのような働きなのか。また、「抵抗の性質、機能、起源」の知識を深めることがどうして抵抗の乗り越えをもたらすのか。思うに、性格が運命として現れるのなら、受動性の我有化とは、ニーチェ言うところの「運命愛」のような自己肯定のことだろう。変えられぬものの積極的な受容である。ただし、ナベールが想定している我有化は、そうしたヒロイックで自己陶酔的な振る舞いには程遠く、知恵の発揮とでも呼ぶのがふさわしい。というのも、この我有化は、肯定の意志作用だけでなく、変えられぬもの、受動性、抵抗を受け入れた上でそれを巧みに制御することをも含意しているからである。そして、制御を可能とするのが、「抵抗の性質、機能、起源」についての知識だというのである。われわれは抵抗や受動性として現れる性格についての知識を深めることで、より適切にそれに対処・制御できるようになる。執念深い性格それ自体は変えられないものであり、しかも望ましくないものだとしても、その性格を自覚し知悉していればうまく対処できる。たとえば、その性格が活きる職業を選ぶことによって。また、怒りっぽい性格についても、やはりそれを自覚し知識を深めることによって制御は可能である。たとえば、怒りを爆発させた後にはすぐに謝るという習慣を身につけることによって。こうした性格の対処・制御を、ノーランはこう言い表している。「実際には性格という運命がわれわれの意志に内在しているのだとしても、私はその運命に影響力を及ぼすのであり、この自然の意志を把握しなおすことができるし、自覚的な決断としてそれを改めて実行することもできるし、あるいは逆に、修正したり変形したりもできる」[52]。人間には変えられる部分と変えられない部分がある。性格は後者の核に当たるわけだが、われわれは性格をよく知ることで、それに対して肯定ないし否定の態度を取ることが可能となる。そして、否定の態度をとる場合も、いったんは運命としての性格を受け入れ、その上で、変えられる部分で変えられない性格を包み込み、制御する。ノーランが指摘するように、性格自体の修正や変形による制御も可能だが、変えられる部分の操作による制御という事実も見逃してはなるまい。

人格

ナベールによれば、人格は自由の経験の動的で可変的な側面を指し示す。「自由の経験はここでは新たな信の誕生と合致する。この信がよりどころとするカテゴリーは人格であり、これはある方向へ向けての諸作用の体系化もしくは全体化に対応する」(EL163)。「人格が自らを創造し始めるのは作用によってである。人格が己に対して忠実であり続けるのは、刷新された[繰り返された]諸作用によってである。ただし、あらゆる作用は最初のものの唯一にして同一の昇格 promotion である。常に獲得物を全体化しながら存在を豊かにする昇格」(EL165)。一個人がなす諸々の行動を統合し全体化するカテゴリーが人格である。そしてその全体化のパターンは可変的であり、したがって人格は変化しうるのである。

すでに明らかなように、こうした人格の変化は反省による自由への信の変化と同じ構造を有している。反省を含めた意識の作用と行動の反復が自由への信を形成するわけだが、蓄積していく諸作用と行動を統合する実体的形象を与えるのが人格だと考えられる。引用箇所の「信がよりどころとするカテゴリーは人格」であるという記述もそのことをよく表わしているし、また、ナベールの次の言明からしてもやはりこの理解で妥当と思われる。「自由は内的経験による作用の取り戻しの中にしか存在しない。その内的経験において、われわれは人物 personne の生きた秩序との関係でその作用を規定しようとする」(EL194)。すると、問われるべきは、行為が全体化のパターンを変化させるそのやり方である。ただ、われわれの関心は、個々の作用という諸要素を統合形象化するその心理学的機制の客観的分析にはない。ナベールを参照することで明確にできるのは、変化は方向性を持って生じるという事実、そして、繰り返し述べているように、変化は作用の反復を条件とするという事実である。「私はかくかくの人物でありたい」という意志に基づいた行為が人格の変化を方向付け、行為の反復が変化をより確実にする。新たな人格を目指して実行した行為が、現在の人格を実際に変えうるのである。この事実が人格の自由を保証する。「人格が構築されるとき、それがいかなる変化をも免れた諸観念の体系として不動のものとなりはしないのだとしたら、それは、内的経験のこの新たな形態の内に、実現された人格の単なる保持に埋没することを拒否する自由の呼び声が響いているからである」(EL175)。どのような人格を目指すのかを決定し、その方向性の下で行為を積み重ねること。しかも、諸観念の体系として固着しないようたえず現状を吟味し、人格を「昇格」させる運動を止めないこと。そうして実現される人格の変容こそ、『自由の内的経験』が最終的にたどり着いた自由の経験様態である。そして、反省を介しての人格の陶冶というテーマは『倫理学要綱』(本書では第４章) へと引き継がれる。

第3章　行為の理由の変化――反省の効果②

本章では反省の効果の第二の様態である行動の実行による理由の変化について考察する。まず、行動の実行が効力を持つとはいかなることであるのかを検討するところからこの現象へのアプローチを図る。

1　実効性

ここで言う行動の実行が持つ効力とは、外部世界への影響力のようなものではない、ということにまず注意すべきである。力の向かう先は外部世界ではなく行動主体なのである。つまり、ここでは、行動が行動主体に対して何らかの効果をもたらすその力のことが念頭に置かれているのである。そこで、行動の実行が行動主体に効力を及ぼすという事態の内実を解明するに当たって、ルヴェールの言う「実効性 efficacité」の概念を参照してみる。実効性とは、自分の意志が行動（とそれに伴う環境の変化）を引き起こしたというその因果関係の確かさ、と定義できるだろう。言い換えれば、自分の意図したことが運動の中に忠実に反映されていることの確認である。

実効性を論じた文脈で、ルヴェールはまず、意志的な行為を目的の観念と身体運動に還元する行動主義的発想に対抗して、意志や努力の内的感情の実在を強調する。とりわけ、これらの内的感情を運動へ還元しようとする考え方に対しては、「身体運動は《私のもの》であって非人格的ではないはず」であり、「活動性の意識からは切り離されえない」[53]と述べ、内的感情が身体運動を私の運動にするのだと主張する。つまり、実効性が存在するためには、意志や努力の内的経験が不可欠だというわけである。その実例として、鏡に映った自分の顔が、そのとき自分の心のありようとかけ離れていて驚く、という状況が挙げられる。もし感情が表情に還元されるのなら、こうした驚きは生じないはずである。ルヴェールはさらに、内的感情の独立的実在の証拠を道徳の場面にも求める。われわれは、自分の行いを道徳的に評価する際、外部に現れた運動だけを対象としない。外部に現れない意志や努力も評価の対象とする。善いことであれ悪いことであれ、実現はしなかったが自分がそれをなそうとしたという事実を考慮して、自分に対して評価を下す。他人の内的感情についても、もしそれが何らかの形で判明したなら判断の材料となるはずである。このようにルヴェールは、行動主義的発想を念頭に置きつつ、それに抗するようにして、実効性の存立条件をなす内的感情の存在証明に努める。

その反面、彼は、「われわれがもっぱら内的な能力の経験しか持たないとしたら、いかにしてその能力が実効的だと言いうるのか」[54]とも問いかける。「この実効性をきちんと理解することも、表象することも、評価することもできないままに、それを強く感じる」などということがいったいどのようにして可能となるのか、と論を展開するのである。実効性がいかにして成立するかという問題は、意志や努力の内的感情の実在を示すだけでは解決せず、その感情が外的世界という全く異なる秩序に属する運動に正確に反映されているとの確認、要するに両者の因果関係の確認、これがいかにして可能かを明らかにしなければ、未解決のまま残るというわけである。内的感情と身体運動との間でのルヴェールの動揺がこの問題の難しさを如実に表している。内的作用と身体運動の因果関係の確認をめぐる問題は、ビランが主題化して以降、フランス反省哲学の中心的課題であり続けている。実際、上の問いかけのあと、ルヴェールはビランの議論の検討に取り掛かるのだが、われわれは彼と共にその方向に進むことはせず、行動の実行が持つ効力についての考察へと実効性の問題を引き継いでいく。

2　行為と同時に出現する理由

自由への信の形成を効果とする反省について論じた前章では、反省は決断や行動を介しての自己理解として定式化されていた。個々の決断や行動から「意識の原因性」を読み取り、それを評価する営みが反省であり、かつてなした行動を現在においても肯定し、将来も同様に行動しうるという自由への信の形成が反省の効果であった。だが、ナベール哲学には、以上のような自己理解の働きに回収されない反省概念が伏在しているように思われる。そして、その反省が効果としてもたらすのは、自分のなした行動を観察するそのことによって意識状態が変化する、という事態である。

自己の行動の観察による意識状態の変化

『自由の内的経験』の中の、意欲は必ず運動を伴うことを強調した箇所を参照してみよう。「運動による何らかの現実化を伴わない完全な意欲 volition は存在しない」(EL102)。「現実の意欲とは遂行された意欲であり、この遂行なくしては、ただ意志の弱さが存在するだけだ」(Ibid.)。「延期された運動は常に何らかの仕方で他の運動によって補われており、その他の運動において決断は自己意識を獲得する」(EL103)。要するに、身体の運動となって出現しなければ、それは意欲ではなく、表象ないし観念に留まる、というわけである。ただし、たとえ目的実現に直結する運動が即座に実行されなくとも、その目的実現に関係のある代替運動の実行によって、当面は、決断する意欲の存在が確認される。

たとえば、備忘のためにあるいは決意が揺るがないように手帳に書き付けるという行為によって（それではいかなる意味でも決意の実行とは言えない、という反論があるかもしれない。しかし、実際の行為とは、多かれ少なかれ、決定的な運動の延期という構造を持つのではないか。つまり、複数回の決意と代替運動が少しずつ決定的な運動の準備を整えていくのである。一切の延期が許されず、今この場で決断と決定的な運動の実行を迫られる、という選択の状況はむしろ稀であろう）。意識の作用と行動の実行との因果関係の複雑さについてはすでに言及した。中断をはさんでの実行、未完の作用や実効性をめぐる議論がそれに該当する。ただ、そこでは基本的に、意識の作用は変質を被りつつも行動として実現すること、そして、実行された行動を媒介とした作用の存在の読み取りを反省と見なすこと、これらのことが一貫して想定されていた。

だが、テクストを注意深く読むと、意識の作用への運動の随伴を主張する先の文脈において、反省にはかつてなされた行動を媒介とした「意識の原因性」の読み取りとは別の側面があることを、ナベールが示唆していることに気づく。たとえば次の記述。「これらの運動の直接の結果、それは、運動が自らの現実味 actualité を、われわれが運動の原因をそこに探し求めているところの諸表象に移し返すということだ。……遂行された運動は、意識の原因性が十分に果たされたことのしるしである。われわれが行動を思い描くその仕方において進行するパースペクティヴの変化は、決断と厳密に同時的な新たな理由の助力と一致する」(EL103-4. 中略の部分は、決断を下す際に思い描いていた結果は、運動を実行してみると、驚くほどその姿を変える、という趣旨のことが述べられている。われわれの解釈を裏付ける重要な記述だが、回りくどい表現でそのまま訳しても意味が通らないため省略した)。「完全な意志的行為と共に出現する新たな理由」(EL104)。「主体はあらかじめ心理的所与と正対しているわけではなく、行動するその瞬間に、分割不可能な仕方で自らを創造する」(EE119)。ここでナベールが指摘しているのは、一言でいえば、熟慮の末に行動の実行に及ぶと、そのことによって自己の変容がもたらされる、という現象である。あるいは別の言い方をすれば、人を行動に踏み切らせる心理状態は、行動の実行を確認することによって変化する、ということである。

具体的にどのような変化なのか。まず明らかなのは、運動がそれを産出した原因と目される動機に影響を与える、いわばフィードバックする、そんな遡及的構造をこの変化が示していることである。ナベールはそれを、運動が有する「現実感」を「運動の原因をそこに探し求めているところの諸表象に移し返す」と表現している。つまり、外的世界で起こった運動は打ち消しようのない絶対的な現実感を持つが、その現実感が動機に該当する諸表象に送り返され、動機はその絶対的な存在感を身にまとうことになる、との謂である。自分は現実に行動を実行したのだから、その動機は確実性を備えていたのだ、とわれわれは推論するわけである。また、「新たな理由」が決断や意志的行為と同時的に出現すると述べられているが、これも遡及的構造の一環として理解できるだろう。決断や行為の実行が、理由をより強固にするわけである。

これは経験を省みれば思い当たるところがあるのではないか。私は手紙を出してある異性に想いを伝えようかどうかと迷っている。そんな大胆な行為は自分にはできないだろうという考えが頭の片隅にある。けれどもその一方で想いが募りに募り、やがてペンを取り文章をしたためる。さて手紙は完成したが、今度はなかなかそれを投函できない。またもや散々逡巡した挙句、とうとう投函する。投函したその瞬間、何か大きな気持ちの変化が生じる。このことは実感としてよく分かる。ナベールはその変化のことを指示していると思われる。

だが、普通に考えて、理由とは常に決断や行為に先行するものである。だとすれば、行為がなされてから新たに理由が出現するとはかなり奇異な主張である。いったいどう理解すればよいのか。

3　責任感情の基盤

行動の実行による意識状態の変化とは、具体的には、「私は自分のしたことに対して責任を持たなければならない」

という責任感と、「私はこのようなことができるのだ」という能力の感情、この両者の出現であると解釈できる。行動を遂行したまさにその瞬間に生じる変化とは、単に、その行動は自分が原因となって引き起こしたという自覚にとどまらず、自分の行動であるのだからその帰結の責任は自分が引き受けるという覚悟も含意していると思われる。他方、さんざん迷った挙句に意を決して行動に踏み切るような状況では、いったん行動を実行してしまうと、あっけなさを感じると同時に、自分にもできるものだ、という自信が芽生える。これも現実の一面である。能力の感情はビランとの関連を探る上で興味深いテーマではあるが、本書では扱わない。ここではもっぱら責任感情を検討する。責任感情の出現に関する記述をさらに探ってみよう。

ナベールは、先に引用した「延期された運動は常に何らかの仕方で他の運動によって補われている」という記述のすぐ後で、行動が引き起こす意識状態の変化が、社会的文脈において、すなわち他者との関係の中で形成される可能性に言及している。「内的な未完の作用」と「完全な意欲」は、後者のみが現実の運動を伴う点で区別されるが、行動がもたらす帰結に他者の利害が関与しており、行動の実行を延期しなければならない場合は、約束という言語行為によって代替されることになる。ナベールはそう規定する。例えば、他人が翌日の自宅への訪問を私に依頼した場合、相手の自宅への移動は翌日まで延期されることになり、私に「完全な意欲」があれば、私はその旨を相手に伝え、来訪を約束する。延期された移動を補うのが約束である。これに対し、依頼に応じようと思いつつも他の用事のために迷っている状態、すなわち「内的な未完の作用」の状態にあれば、「伺います」という言葉が喉元まで出かかっても、実行には至らない。だが、前者の「表明された言葉 parole exprimée」と後者の「内的言語 langage intérieur」との間には、意味論のレベルではたいした違いはない。重要な相違が生じるのは語用論のレベルである。そしてその相違は、前者だけが約束となるために生じるのである。だとすれば、ここから一般化して、運動の実行が重要な意味を帯び、それゆえに責任感を引き起こすのは、意志作用が「社会的な関わりの中にあり socialement engagée」（EL103）、その運動が他者の利害に関与するからだと言えよう。運動が約束として機能しない場合でも、それは内的作用とは異なって他者により知覚され、他者の期待を巻き込み、そうして他者に影響を与えるからこそ、運動はそれをなす私に責任感の出現という意識状態の変化をもたらすのである。

行為と同時的に出現する理由

ここで、行為と同時的に新たな理由が出現するということの意味を改めて考えてみよう。この現象については奇妙だと指摘しただけで解明を保留していたが、責任感という観点から眺めると、筋の通った解釈が可能になる。新たな理由の出現とは、運動の実行以前と以後とで理由が一変するということではなく、揺らぎがちで実行の瞬間でさえ確信を持てない動機が、運動を実行に移して引き返せなくなると、我有化により確固たる理由と化す、という事態を指すのではないか。手紙を出すまでの逡巡においては、自分の想いを伝えたいという動機は、恥をかきたくない、失望したくないといった対立する諸動機との葛藤状態にあって浮動している。しかし、いったん手紙を投函してしまえば、その行為を以って私は想いを伝えたいという動機を採用したことになり、そのことをはっきりと自覚し、結果、その動機は、私自身にとって、行為の理由として揺るぎない地位を確立することになる。換言すれば、その動機は運動を起こす前から一つの理由ではあったのだが、運動を実行したというその事実により、比類なき唯一の理由という様相を帯びることになる。新しい理由の出現とはそういうことだと考えられる。[55]

注意すべきは、ここにも他者の視点が介在していることである。動揺しやすい動機が確定した理由へと移行するその契機として運動が機能するのは、やはり、運動の主体である私が、運動の実行は他者の目に触れ、他者に影響を与えるという事実を了解しているからである。理由という言葉は、客観的妥当性の含み、すなわち、他者から行為の説明として要求され、また他者に向けて語るものという意味合いを持つが、ナベールが件の引用箇所で理由という語を使用しているのも、そうした意味合いを重視してのことだと推測される。なるほど私本人は、運動に踏み切ってからも、内心密かに未練がましい態度を取り、動機が理由として確定していないかもしれないが、しかし、他者に対してはそのような態度は通用しないこと、確たる理由の提示が要請されることを私は了解しているし、その心の準備もある。

前反省的帰責

最後に、責任感を生じさせるところの、自分のなした運動の観察は、果たして反省なのか、という疑問について検討しておく。

われわれは、意図して行った行為で、しかも他者に影響を及ぼす行為のみに関して責任を感じる。だが、発言であれ、何らかの身体運動であれ、それが意図的になすものである以上、必ず自分自身が知覚することになる。空間内に生じる運動をおのずと観察してしまうわけである。すると、行為の実行による理由の変化をめぐるこれまでの議論は、そのような知覚を反省と同一視し、知覚と同時的に発生する責任感を反省の効果と見なしていることになる。ナベール自身は、運動の観察を反省とは規定しておらず、そもそも、「意志的行為と同時的な新たな理由の出現」を責任感の発生として明確に定式化していない。だとすると、運動の観察は反省ではないのだろうか。今はナベールのテクストとの整合性の検証は措くとしても、反省と責任感の関係は事柄としてどう捉えたらよいのか。

ここでわれわれの考察にヒントを与えてくれるのは、リクールの『意志的なものと非意志的なもの』の一節である。そこで彼は「前反省的な自己帰責 l'imputation préréflexive du moi」についてこう述べている。「まだ自己へのまなざしとはなっていない、自己自身に対するある種の関わり方もしくは態度の取り方、すなわち、非観想的な、あるいは非観察者的な仕方での自己言及があってしかるべきである。つまり、決意の作用そのものと厳密に同時的で、いわば自己自身に対する作用であるような巻き込みというものがあるはずだ。この自己自身の巻き込みこそが、反省の可能性を胚胎し、〈……したのは私だ〉という責任判断をいつでも下せるよう意志作用に準備させているのである」[56]（この箇所でリクールはフッサールら現象学者の著作しか参考文献として挙げていないが、おそらくはナベールからの影響もあるだろう）。他にも、「自我は自らを関与させることによって en s'engageant、自己を束縛する」[57]といった巧みな表現で、われわれが責任感の出現と呼んできた事柄を規定している。だが、ここでのわれわれの関心は、「非観察者的」、「反省の可能性を胚胎し」、といった記述に見られる前反省的という特徴づけにある。リクールは次のようにも述べている。「自己自身への前反省的な帰責は、行動的であって、観察者的ではない」[58]。「……主格としての主体であるという鈍い意識と、企投のうちに含意される対格としての主体との間の、いかなる反省的分離にも先行する架橋がなされている」[59]。「反省的判断が理解されうるのは、私の企投 projets における自我への前反省的な帰責から出発してのことである」[60]。「一つの方法的規則として」われわれは顕在的な反省からではなく、われわれ自身の前反省的で能動的な帰責から出発しなければならない」[61]。反省は、観察し反省している主格としての私と、観察され反省の対象となっている対格としての私の分離を前提とする。したがって、責任感の発生を反省の構造によって理解しようとすると、反省主体である私が、ある行動を企て、実行した私——対象化された私——に責任を帰属させ、その結果責任感が生じた、という構図にはまり込んでしまう。だが、それでは、今問題にしている責任感の発生ないし帰責を正確に捉えたことにならない。リクールによれば、この帰責は自我の主客未分離の状態で働くという点で前反省的と呼ぶべき性格を有しており、なした行為に関して自分自身はどれくらいの責任があるのかといった反省的判断は、この前反省的帰責から出発して、すなわちそこを足がかりにしてでなければ不可能である。

われわれもこの見解には同意できる。これまで、反省を、自分が決断や行動の作者であることの確認であり、かつ、それら決断や行動への自分の意図や願望の反映の読み取りとして規定してきた。そこで、行為の実行の確認は反省であるのか、また、確認の結果発生する責任感は反省の効果であるのか、ということが問題として浮上した。だが、リクールから「前反省的」という主客未分離の位相を考察の補助線として与えられた今、新たに提起されるに至った図式は、行動の実行の確認を自己の意図や願望の読み取りとしての反省と区別し、前者を前反省的認識と規定しなおし、責任感の発生を前反省的な帰責と位置づける、というものである（「前反省的」と言うときの「反省」は、かつての行動を吟味するという意味での反省に該当する）。行動の遂行の確認とは、その行動の自己への帰属に他ならず、それは自己自身への帰責と不可分、というより同一の事柄だからである。行動の自己への帰属がまずあって、そこに後から責任という道徳的含意が付加されるのではない。だから自己への行動の帰属と帰責は同一の事柄の言い換えに過ぎない。帰属が行われるのと同時に帰責も行われているのだ。この帰責には道徳的・法的な責任概念は含まれておらず、むしろこの帰責を起点として諸々の責任概念は成立可能、理解可能となるのである。それゆえ、実行の確認と反省は、前反省的な帰責に他ならない前者が自然発生的に行われ、それを前提とし、それに支えられて、行動や作品の意味の探索である後者が開始される、という順序関係にあることになる。

第4章　道徳的人格の陶治
——反省の効果③

反省の効果の第三の形態である現実の行動と「存在への願望」とのずれの自覚に、議論の舞台を移そう。まずはずれという事柄に関して一般的な観点から説明を加え、ずれの自覚において「存在への願望」が果たす役割について検討する。これらの準備作業を経て、反省のきっかけである否定的経験と、ずれの自覚に続く反省の最終的効果である道徳的人格の陶冶をそれぞれ主題化する。否定的経験は過ち、失敗、孤独の三つに類型化される。各類型の内容を具体的に解説すると共に、そうした否定的な経験が反省のきっかけとなることの意味について考察する。道徳的人格の陶冶に関しては、人格の変容を促進する要因ならびに変化に方向性を与える要因の特定を試みる。

1　現実の行動と「存在への願望」とのずれ

行動や作品への意識の作用の客体化

これから論じようとするずれを理解するために、まずは大事な人に向けて自分の想いを率直に伝える手紙を書くときの苦労を想像してほしい。このような場合、自分の感情、要望、相手への配慮などいろいろな要素が混ざり合い主張しあうので、何をどんな順序でどんな言葉で表現すればよいか大いに迷う。そして、苦労した挙句に書き上げた手紙を読んで「まあこんなものか」と納得しつつも、当初に抱いていた想いからの微妙なぶれも感じられたりする。では他にもっとよい表現があるかといえば、すぐには思いつかないのである。（もちろん、文章表現の技量の個人差、あるいは、自分の感情のニュアンスを見分ける鋭敏さの個人差はあるだろうが）。反省とはそういったある種の失望や限界の自覚をも包み込むものである。ともかく、行動であれ作品であれ、客体が出現しそれを観察すれば即座に、それが自己の意図や願望の表れであるとわれわれは了解する。あまりに自明で普段は意識しないけれども、われわれは、手紙を書きながら、その文章は自分の想いの客体化であると理解しているのである。

意識の作用が行動や作品に客体化する様をナベール自身は次のように叙述している。「作用が世界へと屈折し、結果、そこに自らを産出しそこで自らを間接的に知り、そうして自らが直面するあるいは自ら誘発する抵抗のゆえに、自らが価値の源泉となる、ちょうどその瞬間に、作用、創造的働き、純粋意志などの性質が、価値判断において、［判断の］主題、すなわち行動、作品、人格に反映されることになる」（EE74）。そして、意識と世界との完全な合致はありえず、記号への作用そのものの反映は部分的に成功するにすぎない。「自我にとって存在するとは、この結合［純粋な自己意識と世界との結合］を成し遂げることであり、部分的な成功あるいは失敗において自己を獲得することである」（EE63）。まわりくどい表現だが、まとめればこういうことである。価値判断の対象となる行動、作品は、即物的に、ただそれだけで完結した独立物としてあるのではない。意味を発散し、判断する者に意味の読み取りを誘う記号として存在する。そして、行動や作品が意味を発散する記号であるのは、それらが、「作用が世界へと屈折し、結果、そこに自らを産出し」たものであり、「作用、創造的働き、純粋意志などの性質」が「反映」したものであるからだ。行動や作品が、それをなした私、それを作った私の意志作用の成果であるからこそ、私はそこに何かを読み取ろうとするのである。他者による行動や作品に関しても事情は同じである。そこに人の意志作用が反映されているとの了解があるからこそ、ひとことで言えば人為的であるからこそ、そこに意味を読み取ろうとするのである。

「存在への願望」

先の二つの引用箇所のうち、前者では、行動や作品に反映している限りでの作用が価値の源泉になる、と述べられていた。また後者では、自我は部分的な失敗あるいは成功において外部世界を介した自己理解を果たす、と言われていた。この両者を総合して解釈すると、ずれの感覚、すなわち部分的には失敗しているという感覚が価値を成立させる、という意味に受け取れる。一般には、価値評価とは、客観的で普遍的な評価基準があって、評価者が評価対象をそれに照らし合わせるという仕方で行うものと考えられている。おそらく、ナベールもその事実を否定はしないだろう。ただし、彼は、現実の行動や作品を前にしたときの「何か違う」、「まだ完璧ではない」といったずれの感じもしくは部分的な失敗の感覚を、価値という事柄を考えるに当たって何よりも重視する。このずれの感覚は直観的である。つまり、特定の基準がまずあって、そこからの偏差として理解されるずれではなく、直接的に感じ取られるずれなのである。どのような作品や行動なら完全に作用と一致するのかは具体的に定式化できていないのに（わかっていれば即座にそれが実現されるはずである）、一致していない、すなわちずれていて不完全だということだけは確かに感じられるのである[62]。そこでナベールは次のように断言する。「シンボルの発見によって、精神は、世界をありのままに受け取るのをやめることによってのみ自己と世界に対する能力を得る、ということを発見する。そういうわけで、価値の各々の秩序の起源には、所与の現実［実在］の拒絶のようなものがある」（EE92）。ここでナベールが言う能力とは、事柄を間接的に指し示すシンボル（記号）の発見によって精神が手に入れる、ありのままの現実から距離を取る能力である。言い換えれば、目の前に差し出されたシンボルを吟味し、その全面的肯定を留保しておける能力である。行動や作品を意識の作用の記号と見なす発想の前提には、作用の反映という事実が行動や作品を価値評価の対象と化すという見解に加え、価値の起源には、実在をそのまま受容せずに、ずれの感覚を伴いつつ吟味する態度がある。ナベールはそう主張するわけである。

ところで、「所与の現実」にずれを感じ、それを「拒絶」するのは、裏を返せば、人間が作用と行動や作品とのさらに完全な合致への願望を常に抱いているということである。この願望が、「存在への願望」に他ならない。これは、対象が定かではないまま、所与のあるいは現状の行動や作品に満足せず、とにかくよりよきもの――より作用と合致したもの――を目指しての行動や作品のさらなる創造を促す、そんな願望である。

根源的肯定

さらに言うと、この「存在への願望」は、ナベール哲学の最重要概念の一つである「根源的肯定 affirmation originaire」と相補的関係にある。根源的肯定は、ナベールによれば、「我あり je suis」に含意されている肯定であり、「自己の存在を生み出し、また再生させる」（EE58）肯定である。つまり、「我」の存在が肯定という作用として捉えられているのである。存在の証を思考の直観的明証に求めるのではなく、「存在への願望」への合致を価値あることとして肯定するその作用を存在の証と見なすわけである。ただ、実のところ、根源的肯定が具体的にどのような作用を意味するのかあまり明確ではない。「私は肯定のイニシアティヴを奪い取られている」（EE59）、「我ありの作用は決して判断ではない。それはあらゆる判断、あらゆる決断――肯定がその核心であるような――のための後ろ盾となる保証である」（EE62）といった記述から、自覚的かつ意図的になす判断ではないということだけはわかる。だが、いったい、何を肯定するのだろうか。存在すると同時に私は何を肯定してしまっているというのだろうか。「存在への願望」との関連性を考慮すれば、願望を実現しようとする作用との合致という価値の肯定であることはひとまず確かだと思われる。さらに、「意識を自己意識にする肯定」（Ibid.）という表現などから、再帰的な働きを持つ肯定、つまり対象の価値の肯定ではなく、その価値を肯定する自己の肯定であると推察される。自己の肯定といっても、単なる現状追認や自己満足ではない。他の可能性を配慮しその価値も認めたうえで、あえて特定の価値を選び取る自己の肯定である。こうした自己肯定が、あらゆる実践的価値判断に伴い、その裏打ちとなっているのではないか。

ここで注目すべきは、そして強調すべきは、他の可能性も配慮した上で、という点である。この他の可能性の認定こそが、根源的肯定を自己満足や独善から区別するのである。その点で、根源的肯定のこの側面に光を当て、その本質を「根拠のなさ gratuité」と規定したフランクの大胆な解釈は、当を得たものであると思われる。「根拠のなさ」とは、根源的肯定が特定の価値への固着を阻み、絶えざる問い直しを要求する、その性質を指す。「われわれは、あれこれの価値を絶対的に肯定すること、留保なくその価値に身をささげること、同時に、この価値を絶対的なものと見なすことを断念する勇気を持つこと、絶えずその価値を問いに付すこと、を求められている」[63]。彼は、この断念とたえざる問い直しこそが、ナベールが根源的肯定という言葉で表そうとした態度だと主張し、それを、「おのれが傾倒している価値を絶対的と見なすのを断念する人間の態度であり、それらの価値を逆転し、新たな価値でそれらの価値に代える心構えができている人間の態度」[64]と説明する。根源的肯定は作用との合致という価値の肯定だと先に述べたが、それは実際には、さらに完全な合致を目指しての現状の否定を意味する。したがって、特定の価値観を、作用と完全に合致している、もしくは「存在への願望」をあますところなく充足していると見なし、これを絶対視することは、より完全な合致の試みの放棄であり、根源的肯定からは程遠い態度なのである。根源的肯定とはむしろ、価値観の寄る辺なさを維持する態度である。ナベール自身、「自己と等しくあることの不可能性は、主観性の構成に含まれている」(EE64)と語り、寄る辺なさの態度こそが主観性を構成すると理解している(フランクは指摘していないが、この態度は、『倫理学要綱』の各所に見られる「熱望 aspiration」とも言い換えられるだろう)。

なお、最後に付言しておけば、寄る辺なさを維持する態度は、自己超克といった実存主義的主題のみならず、倫理の本質にも関わってくると思われる。なぜなら、自らが信奉する価値観を問いに付す態度こそ、他者への開けを保証するからである。この態度があってはじめて、人は、価値をめぐる他者からの問いかけに応じようとするはずである。

ここまでの内容をまとめておこう。

反省主体は、作用を、それが発揮される瞬間に、そのありのままを捉えることはできず、その客体化である現実の決断や行動を記号として、そこから意味を読み取ることで自己理解する。しかし、作用と記号の間にはずれが感じられ、そのずれが価値の源泉となる。つまり、われわれは作用との合致の度合いに応じて行動や作品に価値評価を下すのである。ところで、ずれはいずれ解消されるものではなく、われわれが「存在への願望」を抱く限り、ずれは運命付けられている。なぜなら、ここで言う願望とは、価値評価を下そうとするときそのつど生じる、いまだ達成されざる合致への願望を意味するのだからである。それゆえ、ずれに対して注意深い態度は肯定的に捉えられるべきである。というのも、その態度がわれわれを他なるものへと開き、別のよりよい行動・作品、あるいは別のよりよい価値観へと動かす原動力だからである。そして、この態度こそが、ナベールの言う根源的肯定の本質をなしている。

2　反省のきっかけとしての否定的経験

「存在への願望」の内実を、根源的肯定の概念と関連付けつつ詳細に検討してみると、願望と現実の行動とのずれが含意する倫理的性質が際立ってくる。つまり、反省主体が感じ取るずれのうち、理論的ないし美的な観点からの行動や作品の不完全さに由来するものは背景に退き、現実の行動と道徳的価値との乖離に起因するものが前面に出てくるのである。自由のカテゴリーとしての性格と人格を論じた箇所で予告しておいたように、『自由の内的経験』が叙述する自由の経験は、道徳的人格の陶冶を最終様態とする。そして、道徳的人格の変容を結果としてもたらす反省の契機となるのが、倫理的性格を強く帯びた行動と願望のずれなのである[65]。ナベールはこの種のずれを特に「自己自身との不等性」と呼ぶ。そこで、われわれが問うべきは、この不等性の自覚が自己創造において果たす機能と、不等性の自覚を効果とする反省のきっかけである。前者については次節で考察する。

否定的経験

ナベールは、過ち、失敗、孤独を「否定的経験」と総称し、これを、自己自身との不等性の自覚をその効果とする反省の所与と規定する。つまり、反省のきっかけとは、これらの否定的経験のことなのである。

それらは、一言でいえば、調和の喪失である。その意味で否定的な経験なのである。過ちは自分自身との、失敗は外的世界との、孤独は他者との、調和の喪失と定式化できる。ただし、一口に調和の喪失と言っても、経験の類型によってその内容は全く異なる。とりわけ、過ちと失敗に関しては、ナベールはその違いを入念に解き明かしている。そして何より、われわれの目には、調和の喪失という概括的な構図の提示よりも、諸経験類型とそれぞれに対応する反省のあり方についての個別的かつ具体的な叙述が何より魅力的に映る。否定的経験の諸類型の内実を一つずつ検討していこう。

過　ち

ナベールは、過ちの経験に対する反省について次のように説明する。「過ちの経験を経ての、意識の過去への関係は、自己意識の諸条件をすべて発見し、自己に己の存在を再び把握させる反省の運動から決して切り離されない。反省は、解決された過去への不毛な回帰であるどころか、自己自身の存在の起源にまで進もうとするまさにそのときに自我が自己を取り戻す働きそのものである」(EE10)。ここで言及されている反省は、自己の統一性の分裂に直面しての回復の試みと定義できよう。私が友人を裏切ってしまったとする。その行為についての反省は、当然、友人を出し抜くために発した虚偽の言葉にまず向けられる。しかし、ナベールによれば、その発言に留まらず、反省のまなざしは、「自己意識の諸条件」の「すべて」、「自己自身の存在の起源」にまで及ぶ。つまり、裏切り行為と直接関係のない行為、決断、考えまでもが反省の対象になるというのである。「過ちの感情を、その原因となった行動の圏内に留めおこうとする努力は失敗する。道徳的生の固有性は、他の活動形態と対照的に、個々の行動の意識に対する影響を限定できない点に存する」(EE6)。確かに、一度の裏切りを契機として、友人の信頼に対する自分のこれまでの態度全般を省み、さらには他者一般に対する態度を検証するに至る、ということは十分ありうる事態である。

だが、過ちの反省は、対象の範囲が無際限に拡張していく過去の諸行為の検証に尽きるわけではない。それは「自己を取り戻す働き」であり、また、「反省の起源は統合の要請である」(EE12) 以上、反省によって統一性の回復が果たされるはずである。その統一性の回復へと導くのは、「再生 régénération への願望」(EE12) である。裏切りを行った自分から変わりたい、自己の存在を生まれ変わらせたいという思いが、統一性を回復させるというのである。ただし、「再生への願望」は、「過去の否認でも忘却でもな」く、それは常に自分の過去や自分自身を断罪する意識や「名誉回復は禁じられている」という意識を伴うと、ナベールは忘れずにそう付け加える (cf.EE13)。統一性の回復は、この矛盾をはらんだ意識のありように耐えることで成し遂げられる。「自我が過去や過ちに打ち負かされることを拒絶するその内的な働きは、いわば自己自身で完結し、再び支配して作り直すべき統一性という観念を全て斥ける自己非難の維持よりもずっと辛いものである」(EE17)。もちろん、辛さが善さを保証するわけではない。「再生への願望」は矛盾に耐え続ける忍耐と意志の固さを必要とする自己制御であって、単なる責任放棄では断じてないこと、その点をナベールはここで強調しているのである。

失敗（あるいは挫折）

ナベールは、失敗を、「まだ獲得していないが獲得可能だと思われていたものが、禁じられたと見なされること」（EE19）、あるいは、「ある観念に対して、具体的現存を与え損なったこと、維持し損なったこと、向上させ損なったこと」（EE22）と定義している。そして、失敗は過ちの延長上にあり、両者に対して抱くわれわれの感情も類似しているが、失敗を過ちに還元してはならず、両者を区別すべきだと言う。両者の混同は、目的や企てが道徳的な性質のものでなくても、失敗が、事物の秩序あるいは事物の命令を無視したその違反への制裁として理解されるために生じる。「意識はその違反に苦しむので、失敗を出来事ではなく制裁と見なしてしまう。このようにして、失敗は過ちの感情を強化し、時にはそれを作り出す」（EE20）。当時の状況では自分の意志の制御下になかった原因で生じた結果に関しても、その結果を自分の見込み違いに対する制裁と受け取り、そのような間違った判断を下した自分を責めるという形で失敗が過ちに吸収されるわけである。つまり、「［失敗であることが判明した］決断 initiative が十分に道徳的意味合いを帯び、その結果、意識が内的な作用にまで遡って決断の結果責任を追及し、失敗と過ちを混同させる」（EE21）のである。

過ちと失敗を厳密に区別すべきだという主張はユニークで、かつ説得力があり、否定的経験を主題化する視点に固有の発想として評価できる。ただ、そのように区別することの射程がナベール自身の記述からは今ひとつ判然としない。過ちと失敗を区別することの意味はどこにあるのか。もちろん、両者を反省の所与として取り上げている文脈からして、それぞれを対象とする反省の性質が異なることの指摘へと接続することは容易に予測できる。けれども、両者の区別の意義はそれに留まらず、道徳的な悪の経験を失敗――いわばやり損ない――の経験から峻別する意味も持っていると思われる。ジャン・ナベール個人は謹厳実直な人だったと予想されるのだが、彼のような人物はなるほど、失敗を過ちに転換してしまう傾向を持つだろう。しかし、逆に、過ちをやり損ないと解してしまう人物も世の中には多くいる。友人を裏切っておきながら、なぜ露見したのか、何がうまくいかなかったのか、という観点でしか反省しない人、つまり裏を返せば、露見さえしなければいいと考える人である。このような人に対して、過ちと失敗の峻別は、過ちの失敗への還元という方向性での誤りを指摘するという意味で有効である。付言すれば、過ちは他者との関係性の下で生起する点にも注意を払うべきだろう。ナベールは、過ちを自己と自己自身との調和の喪失、他方、失敗を自我と現実世界との調和の喪失と規定し、それゆえ両者は異なると結論づけるのだが、そもそもわれわれが過ちにおいて自己自身との不等性を感じ取るのは、自分の行為が他者に苦しみを与えたか、あるいは現に苦しんでいなくとも、カントの表現を借りれば他者を「手段としてのみ用いて」しまったからである。だとすれば、過ちと失敗の根本的な違いは、それが他者を道徳的な文脈で巻き込んでいるか否かに存すると見ることもできる。

失敗の内実に話題を戻そう。失敗とは要するに観念と現実存在のずれを指す。それはつまり、理想ないし目標として思い描いていた未来像が現実からかけ離れているという事態である。ところで、われわれは一般に、失敗というと、客観的にそれと確認できる状況を典型として想定する。確かにそのような状況は存在するが、原理的に考えれば、失敗とは主観的に構成される出来事である。現実の状況を失敗と捉えるか、目標実現へ向けての進行過程と見るか、目標の達成と受け取るか、それらはみな観念と現実をどう関係付けるかに依存する。たとえば、売り上げが目標額に達しなかったとしても、それは即座に失敗として確定するわけではなく、「次期に期待を抱かせる数字だ」とか、「最低目標額は超えた」というように一定の評価を与えることは往々にしてある。反対に、傍目には成功の絶頂にあるときに本人は心の中で失敗だと呟いている状況もあるだろう（cf.EE31。ナベールはこの事例に重要な意味を見出しているらしく、『悪についての試論』でも度々言及する）。このように観念自体は融通無碍に姿を変えて現実との関係を規定する。数値だけを基準に事実を判断すれば成功と失敗は常に明確に二分できる。しかし、観念に照らして現実を判断しその成否を問うとなると、観念の捉え方に応じて評価は変化するのである。観念のこの性質を受けて、ナベールは観念にも二種類あると指摘する。「未来をより確実に指し示すために内的作用の意味を掘り下げ、それを新たな働きのための尽きせぬ図式にする」観念と、理想と現実の隔たりしか提示しない、つまり「作用の流産しかもたらさない」観念（EE24）である。前者は、現実に合わせて観念を少しずつ変容させることで、思い描いた未来像の実現へ向けての行動を継続させるよう機能する観念であり、後者は、硬直した理念と化しているため、われわれに理想と現実の格差しか感じさせない観念である。観念のこの種差は、観念のタイプの違いというよりは、観念を操るわれわれの態度の違いと言えよう。

さて、失敗という否定的経験において、反省による統一性の回復はどのような形で成し遂げられるのか。統一性の回復とは、この場合、現実世界と観念との全面的な断絶を防ぐことだと考えられるが、反省はどのようにそれを実現するのか。

全面的な断絶に該当する事態ついては、二つのケースが考えられる。ナベールの議論では両者は混在しているが、彼の意を忖度して区別しておこう。第一に、現在の状況が失敗として完全に確定し、その評価が当事者の目標実現に向けてのさらなる行動を停止させてしまうケースである。観念――具体的には、理念、目標、企てなど――が現実世界の秩序に即していない誤ったものとして放棄され、かつ、それまでの行動は延長されることなく徒労として片付けられる。第二に、これとは逆に、当事者が観念の現実との齟齬に目を向けず、観念をそのまま保持しようとするケースである。前者は現実に、後者は観念に軸足を置き、他方を捨象してしまうのである。

では、反省はいかにして統一性の回復を実現し、このような観念と現実世界との全面的な断絶を阻止するのか。ナベールによれば、失敗をもたらした因果性の理解によってである。「自己自身の失敗についての理解は、自我にとっては、失敗を引き起こした因果性の諸性質の発見と合致するはずである。この因果性の諸性質は、それらが出現して初めて、反省によって到達されうるものだが、それら諸性質の出現は、全面的な失敗を排除するものとしてのみならず、沈静化と希望の約束を含意するものとしての出現でもある」（EE28）。ここで言及されている因果性の意味に注意する必要がある。それは、そのつどそのつどの時点では予測不可能な因果性である。「自己反省は予測不可能であった事柄を明らかにする」のだが、その予測不可能なこととは、分析を超え出る非存在 non-être、自我の内部には自己の能力では捉えられないものが存在するということの指標であり続ける非存在が、自我の因果性のうちに現れること」(EE30) である。分かりにくい表現だが、要するにこういうことだろう。失敗を契機としてわれわれはその原因を事後的に分析するのだが、そこで明らかになる因果性（ここで想定されているのは、物理世界の因果性ではなく、われわれの意思決定の源泉にある「意識の因果性（原因性）」）は自己の能力では捉えられない存在、予想不可能な存在を示唆する。つまり、予め知ることができず、事後的に発見するしかない、そんな要素が介在していることの了解が反省だというわけである。そして、予想不可能な要素の存在の了解は、失敗と成功を客観的かつ事前に判別できるという前提を失効させ、観念と現実世界の一方を無視する態度に対して、両者のつながりを維持するよう促す。「失敗についての全く客観的な視点を不可能にすること」(EE33) が、失敗の経験を深めた自我にもたらされる恩恵である。観念と現実世界の一方を絶対視することで現在の状況を失敗として確定する態度は、いずれも失敗の本質を捉え損なっている。「失敗に対する反省は、失敗からではなく失敗の忘却や失敗を覆い隠す幻想からわれわれを救い出す脱自 dépouillement の作用とともに始まる」(EE36)。失敗をきっかけとする反省は、失敗を帳消しにするのではなく、むしろ失敗を直視させる。そうしてわれわれに予想不可能な要素の存在を理解させ、現下の状況との関わりの継続を決意させるのである。

孤　独

ナベールが問題にしている孤独とは、周囲の人々から疎遠にされていることではなく、他者との意思疎通の不調・遮断を意味する。具体例は挙げられていないが、特定の他者に思いがうまく伝わらない、他者が自分の考えを理解してくれない、という事態を念頭においていると思われる。これは他者と自己の統一性ないし一体性の喪失である。結論から述べておくと、孤独をきっかけとする反省は、自我の自閉を阻止し、他者との交流 communication を継続させ、そうして自己理解の深化を促進することを結果としてもたらす。

どうしても思いが通じないという孤独の感情を抱くとき、場合によっては、われわれは他者との交流を遮断し自己閉塞に陥ることがある。「交流の途絶、それは意識を一種の夢想へと導く。呼びかけと応答の相互的作用で要求される慎重さが必要なくなるので、意識は自己へ至る道を探し求めるどころか、眠り込もうとする。意識はもはや交流にまで自分を高める必要がない。しかし、孤独を自分自身の存在へ接近するための道とすることもいまだできていない。むしろ意識は、夢想の中で悦に入り、自分が交流に何を負っているかを忘れ、自我だと信じているもの、しかし実際には不完全な生でしかないものへの閉塞へ誘われうる」(EE39)。交流を遮断するのはなぜか。それは、彼我のうちにある「個別的差異」(EE43) を守ろうとするからである。つまり、「彼は理解してくれないが、私のうちには私だけが分かる考え方や価値観が存在するのだ、彼はそれらをありのままに理解すべきだ」、という思いが、相互理解を目指したさらなる交流を私に拒絶させるのである。

ただ、他者の無理解への不満と失望は、裏を返せば、互いに理解しあえる一体性の次元を希求していることの証でもある。「交流における失望が十分に意味を持つのは、結局、己の存在における個別的なものをさっぱり断念して、交流に心を開いている意識にとってのみである。交流が一定の深さに達すれば、個々の意識において、個別性を守らなければならないという自我の防御体制が砕け散ったことを示す優しい感情があらわになる」(EE43-4)。交流に一切の失望を覚えることない人は、実は、自分の個別性を他人には理解できないものとして、さらに言うと、理解されないことを期待して後生大事に抱え込んでいる。だが逆に、交流に不満や失望を感じる人には、自分の思いは伝わるはず、相手の考えも理解できるはず、という前提がある。言い換えると、一体性、すなわち相互に理解し合える共通の地平に身を置こうとしているからこそ、無理解に失望するのである。ただ、失望しつつも交流を継続する人と、失望を理由に交流を遮断する人の違いは、後者がなおも自己の個別的差異に固執している点に存する。

個別的差異へのこだわりは、他者存在の意義についての事実誤認に由来する、ナベールはそう考えている。人が自己の個別的差異の証拠と見なしている自分に固有の考え方や価値観は、実際には、他者との呼びかけ―応答の相互関係の中で形成されたものなのである。「他なる意識からの応答、約束、あるいは友情や愛情の印を期待したり得たりする意識は、おのれがそれらの応答のおかげで自己や固有の内面性を手に入れているということを知らない」（EE38）。自己理解にとっての他者との呼びかけ―応答関係の根幹的重要性は、『倫理学要綱』の第９章「諸意識の交流の中の一者であることの経験」でさらに詳しく論じられている。長くなるが一部を引用しよう。「自己の自己に対する関係が内面性を有するのは、自発的な交流のおかげである。そういうわけで、友情、愛情、告白［同意］など、交流の絶対的様相が、自我にとって現存の根底的な進歩の起源にあるのだとしたら、そのとき、自我は、自己欺瞞的で見せ掛けだけの、自己の擁護にまで高められたある種の自己防御を覆すことで、自発的な交流から生じる存在の諸可能性を再発見する。人格は、自己から出発しなければならないというより、己自身の存在の内にこれら諸可能性の痕跡を再発見し、さらに、呼びかけと応答の極として自己が構成されたという体験、すなわち、対面し、自己肯定し、否定し、拒絶することによって自らの能力を身を以て体験した最初の経験の記憶を再発見しなければならないのだ。これらの行動のいずれも、内的存在の構造の内に書き込まれてはおらず、それらは可能的自我の個室のようなものでもない」（EE183）。強制や慣習によらない自発的な呼びかけ―応答の交流が自己を形成する。したがって、他者には決して到達できない、自分で守るべき個別的な内面性という概念は幻想であって、われわれは他者との呼応関係の中でのみ、自分は何者であるか、何をなしうるかという問題の答えを発見しうるのである。呼応関係とは、具体的には、自発的に他者と向き合って、自分の考え方や価値観を主張し、相手の異なる意見を否定し、しかしそれが納得のいくものであれば受け入れ、場合によっては自分の意見を訂正する、そういう営みである。「自分の身を守ろうと閉鎖的な性格を有する自律がどれほど人格を貧しくする恐れがあるか、ということは、意識が次のように振る舞うとき、すぐさま気づくことである。すなわち、意識が他なる意識に向けて己を開き、そこから始まる相互性の運動によって豊かになることで、己の信念の価値を受動的に甘受せず、己の信念を、異なっており対立している諸信念に向き合わせるべきだ、と認める心構えをとるときである」(EE181)。自分の個別的差異を固守しようとして他者からの影響を排除することを自律的と呼ぶならば、その自律性は、自己の可能性を制約するようにしか働かない。交流が引き起こす自分の考え方や価値観への他者による異議申し立てこそが、私の存在を豊かにする。

まとめよう。否定的経験としての孤独とは、他者によって理解されないことである。失望を伴うこの出来事が反省のきっかけとなる。この場合、回復されるべきは他者と自己との一体性であり、その喪失は時にわれわれを自己閉塞に向かわせる。そして、自我が己の虚構の個別的差異に固執する限り、一体性を取り戻せないままますます深く心を閉ざすことになる。したがって、一体性を回復する役目を負った反省は、〈私だけがわかる私の内面性〉という自我の幻想を打ち砕く必要があるのだが、それは、自分の考えや価値観が、他者との呼応関係によって形成されたという事実を自我に改めて理解させることによって実現される。そうして、反省は、孤独すなわち他者の無理解という状況もやはり呼応を通じて克服するしかない、との覚悟を自我に促し、交流に復帰させるのである。

否定的経験に注目する理由

ところで、ナベールはなぜ過ちや失敗といった否定的経験を主題とするのか。彼自身が自問するように、「友情や義務」といった「自己が自己自身に等しいと感じられる経験」を例に取らないのか。もちろん、否定的経験は反省のきっかけであるから議論の対象になるわけであるが、それにしてもなぜ否定的経験に注目するのか。

その理由をナベールは次のように説明している。「[あるべき]自己へ向けての進歩はすべて、自我の深い熱望と直接的に一致するようなことよりも、一見否定的なものとして現われていると見なすべき経験に対する反省を含むのである。経験の中にある否定的なものについて意見を述べることは反省に属する」(EE52)。反省には様々な「源 foyers」があって、その源に応じて反省が詳らかにする自己は異なる。美に関する経験を源とする反省は自己の審美的側面を明らかにし、身体運動に関する経験を「源とする反省は、身体としての自己を露わにする。「私は何者か？という問いは、反省の個別的な源と対応しているはずである」(EE54)。過ち、失敗、孤独の経験は共通して、倫理的存在としての自己を発見させてくれる点で独自の存在意義を有するのである。

ただし、否定的経験はこの独自性のゆえに重要なだけではない。自己自身との不等性を実感させる否定的経験は、「「あるべき」自己へ向けての進歩」の必要条件なのである。つまり、否定的経験の反省が道徳的人格の陶冶をもたらすがゆえに、自己創造としての人格の陶冶に関心を持つナベールは否定的経験に注意を向けるのである。「反省の所与の決定は、すでにしてある意図を含んでいる。その意図とは、自己理解に努めている主観がそれによって自己形成を果たすところの最初の作用のようなものだ。反省の主体がそれによって自己を理解するところの原理は、反省的探求の出発点にある経験にも内在している。このことを、人は強く感じることができる」(EE53)。分かりにくい文章だがこういうことだろう。自己理解に努める主体が行う反省は一切の予断を排して対象と向き合う認識手法ではなく、主体は反省の対象を確定した時点ですでに理想の自己像を構想しており、かつ、参照すべき原理も確保している、と。反省の所与の決定が反省の行程と目的地を決定するわけである。したがって、否定的経験は偶然に反省のきっかけになるのではなく、反省主体がある意図を持ってきっかけにするのであり、この場合、主体がそのような意図を抱くのは、否定的経験の中に、自己自身との不等性という、倫理的な自己理解を可能とする原理が伏在していることをすでに感じ取っているからである。こうして反省主体は倫理的な自己理解を通じて道徳的人格を陶冶していく。

以上の引用箇所を含む『倫理学要綱』第４章の冒頭で、ナベールは反省一般の意義を自己理解と規定しているのだが、その自己理解は、自己の統一性の回復ないし再構築を内実とすると考えられる。否定的な経験に見出される自己自身との不等性とは、まさしく統一性の分裂の意識であり、自己理解とは分裂の危機に晒された自己の統一性を修復する営みでもある。「私を再生する純粋な自己意識には歴史［物語］は存在しない。それは、断続的な諸作用に歴史が存在せず、この再生が実現される諸瞬間に歴史は存在しないのと同様である。だが、継続を運命付けられた自我にとっては、この再生は、歴史を構成しようという願望、意志へと転換する」（EE67-8）。ここで言う自我とは、様々な状況での行動を己がなした行動として統合する主体であり、自己理解の自己とはこの自我に他ならない。意識状態はそのつどの全面的な刷新を特徴とするため、そこに歴史は成立しないが、人格的統一性を含意する自我概念においては、個々の作用を相互に結びつけて自我の連続した歴史を形成しようとする願望ないし意志が働くというわけである。このように、自己理解の実現が反省の意義であり、その自己理解の実際の役割が、喪失した統一性の回復にあるとしたら、反省の対象となる経験が統一性の分裂を強く感じさせるほど反省の意義をより強調できることは明白である。そこに、否定的経験を反省の所与に設定するナベールの狙いが表れている。

否定的経験の受動的側面

先ほど、否定的経験はきっかけになるのではなく、反省主体がきっかけにするのだ、というナベールの考えに言及した。そして、事柄自体の性質に照らして、この考えは妥当だと述べた。しかし、否定的経験を具に観察してみると、それが反省のきっかけになるという事態を能動的作用だけで説明するのはやはり困難であるようにも見えてくる。確かに、観念と現実世界、自己と他者の関係性についての思考は能動的作用だが、過ち、失敗、孤独にそれと気づくのは、能動的作用によってではない。それらは突然われわれのもとを訪れる。いわば、受動的に体験するのである。ノーランは、これらの否定的経験がまずは感情として体験されることに注目し、否定的経験の受動的側面を強調する。彼は、ナベールの議論に伏在する受動的側面への顧慮を丁寧に掘り起こしている。「感情は反省の動機であると同時に素材である。……これらの感情は何よりもその受動性に特徴がある。道徳的経験は、自我に迫りきて、その『異質性 étrangeté』、『謎めいた énigmatique』性質ゆえに自我の日常生活の流れを断ち切る、そんな情感とともに始まる」[66]。「反省の動機として、感情は反省が主体の歴史の中に位置を占めることを可能にする。反省の材料としては、感情は反省に現存への影響力を与える」[67]。これは、ナベール自身の見解というよりはノーランの独自の解釈である。本書で反省のきっかけと呼んできたものが、ここでは反省の動機としての感情と捉えられ、その受動性、異質性が指摘されている。これは説得力のある解釈である。「ひどいことをした」、「失敗してしまった」、「なぜわかってくれないのか」といったそれぞれ否定的な感情が平穏な時間の流れを断ち切って迫ってきて、それに触発されて、われわれは反省を開始するのである。つまり、反省は、意識の流れの中で、否定的感情の触発に続く意識状態を占めるわけである。

では、反省は後続の意識状態とどういう関係にあるのか。否定的経験の三つのケースを振り返ってみればわかるように、反省が首尾よく統一性を取り戻せたなら、それは、自我に現在の企てや営みを継続させるように機能するのである。過ちの反省は、自暴自棄になるのを阻止して自己尊厳を維持させる。失敗の反省は、進行中の試みを、現実に合わせて調整しながらも続行するよう促す。そして、孤独の反省は、他者との交流を再開させるのである。

3　道徳的人格としての自己の変容

反省のきっかけをなす否定的経験の内実が明らかになった今、反省の効果の第三の形態が最後に残された問題である。すでに何度も確認しているように、反省の効果は現実の行動と「存在への願望」とのずれの自覚、すなわち自己自身との不等性の自覚である。だが実際には、反省の効果はずれの自覚で終結するのではない。『倫理学要綱』の第10章と遺稿論文「徳の弁証法」（『倫理学要綱』の一節に当てるべく著されたものと見なされている）での徳 vertu をめぐる議論を見る限り、ナベールはずれの自覚に続く反省のさらなる展開として道徳的人格の陶冶を想定していると推測される。前節で論じた自由のカテゴリーとしての人格が、行為の反復による信念の強化を語る文脈を離れて、より望ましい人格への変化を主題とする倫理学の文脈へと位置づけなおされ、その上で人格の変容が反省の最終的な効果と規定されるのである[68]。

本書では第二部の第1章から一貫して、ずれの自覚を反省の効果と規定していたが、ずれの自覚と反省の関係について一点、注意を促しておきたい。何と何のずれであるのかについての、そしてさらに、自己がどのように変わっていくべきかについての明確な展望を伴った自覚が、反省の効果としてのずれの自覚だということ、これである。そのように変化の方向性を備えているからこそ、ずれの自覚が道徳的人格の変容を導くのである。前述のとおり、ナベールは、反省のきっかけであるところの否定的経験を自己自身との不等性の経験と定義する。だが、このような言い方は、否定的経験が最初から自己自身との不等性として概念的に理解されているかのような誤った印象を与えてしまう。反省のきっかけとしての過ち、失敗、孤独とは、嘘をついた、計画が挫折した、他人に理解されないといった端的な具体的事実との対面である。これらの否定的経験は、反省を通過して初めて、あるべき自己や世界や他者からの自己の乖離として把握されるのに他ならない。そして、ずれの自覚が、ずれを生じた原因は自分にあるとの認識に発展するとき、その認識が自己ならざるものどもとの合致を回復するべく人格の変容を動機づける。ずれの自覚と反省の関係はこういう機序になっているのである。

習慣化としての反復と吟味された反復

自由への信ならびに自由のカテゴリーとしての人格の形成には行為の反復が必要であると第2章で述べた。これと同様、道徳的人格の変容も行為の反復を条件とする。徳を身につけるためにはその徳に適った行為が反復されなければならないのである。その後が続かない一回限りの勇敢な行為によってその行為者を勇敢であると評価することは、必ずしも妥当ではない。

行為を確実に反復するためにはその行為を習慣にするのがもっとも有効な方法だが、そうすると、徳に適った行為を習慣化することが、真に有徳であるための一つの条件となるように思われる。アリストテレスはそう考えていた。彼は、正しい行為をなんら心の葛藤なしに行えるような人の状態を「優れた性格」と規定し、これを、不正への誘惑を感じるがそれに打ち勝って正しい行いをする人の状態である「意志の強さ」から区別した。そして、前者こそが真の徳だと言う。つまり、正しい行為は習慣化しなければならないというわけである。しかし、こうした道徳観に対し、ナベールはアリストテレスの名を挙げて批判する。習慣化に基づく徳は、自我に、「自然について語るように自身について語り」、「他者に対して行うことを平気で自分自身に対して行う」(EE205) 点を、ナベールは疑問視する。われわれはある価値を、それが客観的妥当性を有するというただそれだけの理由では信奉しない。客観的妥当性を認め、さらにその価値を我有化して初めて信じるに至る。我有化に至るまでには、知識の拡充や以前から信奉している他の価値観との折り合わせなど、様々な作業が必要だろう。だが、それらの要素に支えられてのみ我有化は成立する。客観的には同一の価値を信奉しているように見えても、我有化を構成する要素は個々人によって異なる。一言でいえば、信じる理由が異なるのである。だから、ある価値に適った徳を身につけるということは、自己に固有の諸要素から構成される我有化と切り離して存立し得ないはずなのである。ある価値を信じ、ある徳を身につけようとする意志は、その価値観ないし徳を信奉する個人的理由に依拠している。だとすれば、徳に適った行為の反復は、我有化の構成要素、すなわち個人的理由を絶えず検証し、なおも当該の価値観を自分は我有化するかを自問した上でなければ、その反復は自我にとっては有徳な振る舞いとは言えない。習慣化はこうした検証と自問を省略するか、あるいはそれらを自然に委ねてしまう。

そこで、ナベールは、「自然発生的な勇気、自然発生的な誠実さ」と、「自分の決断ないし行為が本当に勇気の観念、誠実さの観念に符合しているかどうかを常に疑うことのできる主体の判断に、その評価と程度がゆだねられている勇気と誠実さ」[69]を同じ名で呼ぶことはできないと主張する。ただ、彼は習慣化そのものを否定しているというよりは、より広く、固定一般を徳と相容れないものと捉えている。というのも、固定性を徳の条件と規定する見方は、往々にして、「実際の作用を離れてうぬぼれあるいは自己満足にふけることを許すようなある種の道徳的実体性」[70]を前提しているからだ。ナベールによれば、「私は勇敢だ」と口にする人と、自らを勇敢と認定することを固辞し、自分の振い方の予測不可能性を自覚している人とでは、後者がより徳に近しいことになる。それは、前者が傲慢で後者が慎み深いという別種の徳目に訴えてそう判定されるのではない。自分の行動と純粋な価値との距離を絶えず目測するその態度、あるいは、別様でもありえたのではないか――たとえば、「事情が少し違っていれば自分はあのように行動しなかったのではないか」――との反実仮想を保持する態度こそが、倫理の根本をなしているからである。「自我の存在は、現実の諸行動と諸価値との間に自我が創設する関係に存する。自我の美徳とはこの関係のことである」(EE209)。われわれは徳を身につけるためにはある特性を性格として定着させ、行為の反復を確実にせねばならないが、その一方で、徳に適って見える自らの行動の動機や意図の純粋さをそのつど検証に晒すのでなければならない。反復を志向しつつも反復を疑う。徳は必然的にこの矛盾的構造を含意する。

自己理解の形式としての人格

以上の説明からすると、行為が一方的に人格を形成する、つまり、行為が人格に先行しているように見えるが、ナベール自身は、行為と人格の間に逆の順序関係を見て取っている。道徳哲学の諸説は、個々の行為を評価の対象とする立場（行為主義と呼ぶ）と、行為主体の人格を評価の対象とする立場（人格主義と呼ぶ）に大別できるが、われわれの解釈では、ナベールは後者に依拠しているのである。人格という全体性の下でのみ行為の意義は正確に捉えられる、というわけである。人格が行為に先行するという発想は次の文章によく表れている。「いかに美しくあるいは勇敢な行動であろうと、ある種のばらばらな行動は自我が本当にそれらの行動のレベルにあると証明しないということを、われわれは時折確信するのではないか？評価や愛は、方向が定まらず自我から切り離された行動に根拠を置くのではない」（EE202）。

行為は誰かの行為である。行為を出来事から識別する特徴の析出を研究目的とする行為論哲学は、行為者なき行為を自明の前提に据えているが、ナベールによればそのような行為は抽象の産物である。「人物の生きた秩序との関係で作用を規定」するという先の彼の言葉が示すとおり、われわれは、あらゆる行為を、誰かある人物の行為として理解する。したがって、行為の評価はその行為主体に対する評価を必ず含意する。なるほど、行為への非難（賞賛）と人格への非難（賞賛）は概念的には区別できるだろう。しかし、人格から切り離された行為だけを取り出し、非難することなど現実には不可能である。行為の痕跡だけが残されていてその張本人が不明な状況でも、われわれがまず問うのは、「誰だ？」である。愛についても事情は同じである。われわれは、優美な仕草や思いやりに満ちた言葉そのものを愛するのではない。そのような仕草や言葉をいつも示す人を愛情の対象とする。優美な仕草は、特定のある人物の、彼・彼女に固有の優美な仕草として、愛情の対象となるのである。

以上の人格主義の考え方には十分な根拠がある。ところが、ナベールは行為と人格の順序関係という問題を前にして動揺を呈する。評価や愛は人格に根拠を置くと述べる一方で、人格に対する行為の先行も強調するのである。「行動に先駆けてなしうることを直観するという人格の根源的性質の機能など、どうして信じられようか」（EE200）。「過大評価であれ、過小評価であれ、行動の前に自分の能力に対してなす評価など、なんともっともらしいものであろうか！」(Ibid.) 能力は行使してみなければその有無は不明であり、能力の行使（あるいは能力開発の努力）や行動の実行が人格に先んじて人格を形成していくというわけである。これは、自由への信の変化も人格の変容も、行為の反復が生み出すという彼の自由論ないし人格論の基本的見解からすれば当然の帰結である。だとするとここには人格主義と行為主義を同時に主張するという矛盾が生じていることになる。ナベールの議論は破綻をきたしているのか。彼自身がこの矛盾にどれくらい自覚的であったのかは確証が持てないが、少なくとも、釈明や十分な説明は行っていない。だが、われわれとしては、ナベール哲学に固有の人格概念の意味と、それと連動した行為帰属の独自な特性に注目することで疑問に答えられると思われる。結論を先取りすれば、人格主義と行為主義という対立を無効にするような人格概念を彼は想定しているのである。

法学、社会学などの社会科学、さらには一部の倫理学においては、人格は個人の同一性を担保するための概念として機能している。社会に存在する無数の諸個人を一人ずつ独立の存在として扱い、個々の人物を自律的行為主体として認定し、法的責任や社会的役割の担い手と見なす。そのような手続きに際して要請されるのが人格概念である。この意味での人格は行為の帰属先としてのいわば空の容器のごときものである。そして、何より重要な点であるが、こうした人格は第三者の観点のもとでの適用を前提としている。つまり、行為者当人の意識状態の変化とは関わりなく、第三者が、行為を帰属させるべき同一人物として行為者当人の存在を理解するその形式が人格なのである。第三者の観点からすれば人格は空の容器としてそれ自体は不変で、したがって、そこに帰属させられる様々な個別的諸行為と人格は明確に区別できることになる。このような人格概念を前提とした諸学説が人格と行為の順序関係に解答を与えうるとは限らないし、またそもそも、その順序関係を考察すべき問題として重視するとは限らない。だが少なくとも、それらの諸学説は、人格と行為を概念上は区別可能、相互独立に操作可能なものとして捉えていると推測される。

ところが、以上のような人格概念とは異なり、ナベールの想定している人格とは、行為者当人による自己存在の理解形式である。しかも、この人格は、空の容器などではなく、諸行動を全体化するパターンとして絶えず変化する。私が新たに行動を起こせば、私の人格は、それ自体は変化せずに構成要素を一つ増やすだけ、というわけではない。特別な意味を持った一つの行為が自己理解のパターンとしての人格を大きく変え、その行為が人格を特徴的に示すという事態が生じうる。つまり、同一人格に属するという事実を超えては個々の行為の相互連関は問わない、そんな容器としての人格概念とは違い、諸行為の意味的関連と価値的差異が人格の変化に反映するのである（特定の価値、すなわち徳が変化の方向性を規定する。それゆえに、人格論が必然的に徳をめぐる議論に接続するのである）。

ただし、一見そう思われるように、行為が一方的に人格を変形するのではない。一つの行為を契機に変化した人格は、その後の私の行為を方向付けることになるからである。具体的には、一度勇敢な振る舞いを示せば、能力の感情、勇敢さの価値の再我有化、さらには他者からの期待などの要因により、私は勇敢な行動を繰り返すようになる、ということである。以上のように、ナベールが提示する人格は行為と実体的に区別することは不可能であり、それゆえ、両者の順序関係の問いは意味を喪失するのである。言い換えれば、ナベールは人格主義と行為主義を同時に主張するという矛盾を犯しているのではなく、そのような立場の対立を無効にする人格概念を議論の基礎に据えているのである[71]。

変化を方向付ける諸要因

道徳的人格の変化は、価値が方向付けるのだが、価値がそのように指導原理として機能するのは、その普遍的妥当性のゆえにではなく、われわれ自身がそれを我有化することによってのみであると述べた。つまり、自我の意志作用の役割を強調してきたわけである。しかし、自我の意志の力だけで価値は我有化の対象となりうるだろうか。同じことは勇敢さなどの徳目についても言える。やはり、現在の社会において認知されていることが必要だと思われる。つまり、多くの他者たちによる承認を受け、その意味である種の客観性を備えた価値のみが我有化の対象となりうるはずなのである。

ナベールはこの問題に気づいており、意識と理性の相補性を明示することで解決を図る。「自由の内的経験は、まず意識にのみ基づく。行動の主体に到達するためにはこれ以外の方法は存在しない。内的経験における自由のカテゴリーは、客観的認識の形式から借りてこられたものではない。自由のカテゴリーと理性的諸価値との間に相関関係があるとしたら、それは、後者が前者の解説に役立ちうる限りにおいてであり、後者が前者に支えを与えうる限りにおいてである。……この相関関係は、それが自由の作用によって採用されない限りは理念的、理論的に留まる。この関係はこの作用の再開によってのみ維持される」(EL220)。引用文中の理性的・理念的という語は、客観性・普遍性を含意している。したがって、この箇所の趣旨は、自由の内的経験には、我有化のような意識の作用のみならず、客観的・普遍的価値の支持が必要ということである。だが、われわれがここで指摘したい他者や環境からの影響は、理性ないしそれに固有の客観性とは位相を異にする。

環境からの影響

環境からの影響とは、時代や文化による価値や徳目の規定である。われわれは、普遍的と見なしていいような価値の存在を認めるが——この点で単純な価値相対主義とは袂を分かつ——、しかし、何が優勢な価値あるいは徳目であるか、また、特定の価値が有する重要性の度合い如何は、やはり、時代や文化の影響の下に決まると考える。アリストテレスは勇敢さを主要な徳の一つに数え、ナベールも勇敢さを徳の典型例として引き合いに出すが、勇敢さの重要性は、紀元前と二〇世紀初頭とでは異なるし、第一次世界大戦の影に濃く彩られた時代と二一世紀初頭の現代との間でも微妙な違いが存在するだろう。『自由の内的経験』の最後の数ページでは、「理性の歴史」(EL227,228)という表現を用いながら古代ギリシアの知性主義が批判的に検討されており、ナベールとしてはこの一節で古代ギリシアの倫理思想を相対化したつもりなのであろうが、十分な論証はなされておらず、付け足しの感は否めない（価値や徳の相対性を主題的に論じた主な哲学者としては、古典的なところではニーチェ、現代ではマッキンタイアの名が挙げられよう）。

他者からの影響

他者からの影響とは、他者による判断や評価が、自我による性格の自己肯定や人格の変化の方向性に影響を与える、ということである。言い換えれば、自我は、人格の変化、さらにはそれに先立つ我有化のレベルですでに他者の視点を内在させているのである。ただし、ここでは、他者からの影響は二つに分けて考えるべきである。

第一に、他者が承認する価値を自らも志向するという意味である。つまり、性格の自己肯定や人格の変化は、他者が認める価値によって方向付けられるのである。さらに言えば、我有化にしても全くの無から生じるわけではなく、換言すれば、それは完全に純粋な能動性なのではなく、他者が肯定する価値を志向し、他者が否定する価値を忌避する傾向性を帯びているのである。ここで注意すべきは、客観的妥当性と他者からの影響の区別である。ナベールは、意識と理性は区別しているものの、客観的妥当性と他者からの影響を混同し、他者からの影響を客観的妥当性に還元してしまっているように見受けられる。だが、他者からの影響は相互主観的かつ個別的な諸経験であり、これを一挙に理性の客観性に格上げすることは、異質なものの混同に他ならない。われわれは具体的な他者から個別的な仕方で影響を受けるのである。あるいは、ナベールは他者からの影響を意識の側に位置づけているのだと好意的に解釈もできるかもしれない。つまり、他者からの影響の受容を具体的経験と捉え、その限りで性格の自己肯定や人格の変化に作用を及ぼすと見なしているのではないか、と。実際、そう思わせる記述も見られる。ナベールは、意識が「理性的自律」と「諸意識の交流」の両方に関わりあうことで人格は形成されていくと言うのである。「人格の存在はこの二重の関係が交差するところにある。それは両者によって規定される。それは、絶対に原理によって自己を理解する現存と、意識の社会［社交］において自己実現する現存との生きた一体性である」（EE185）。ただ、その場合でも、彼は他者からの影響の意外性や複雑さをもっと強調する必要があるだろう。これはすぐ後で述べる第二の意味についても言えることだが、生《なま》の他者からの影響とは、我有化するかどうかは私の一存次第という仕方で私の前に行儀よく差し出されるものではない。それは予測不可能で意外性に満ちたものであり、しかもインパクトの強いものである。たちどころに人格の変化を引き起こすこともあれば、逆に、それまでの変化の方向性に疑いを抱かせ、変化を停止させるにとどまることもある。また、誰の判断であり誰の評価であるかによってそのインパクトも変異する。このように、意外性と複雑な相互作用を包含する他者からの影響を、意識の具体的経験という一言で済ませるわけにはいかない。

第二に、他者の影響とは、自我の性格や人格に対する他者による判断や評価が自我の自己理解を部分的に規定するという意味である。他者が理解している私の性格や人格と、私の自分自身についての自己像とのずれが判明したとき、私の自己理解は他者の理解により何らかの変容を蒙るだろう。私は他者が提示した見方を自分の内に取り込み、その見方で自らの行動を眺めてみるはずである。そして、その新たに獲得した視点から自らの性格を改めて検討し、また、人格の変化の方向性の是非について吟味してみるだろう。「性格において／として現存する exister en caractère」という人間存在のありようを研究テーマとするクレールは、自己の性格やアイデンティティが他者の理解と交錯する中で形成される事実を明示している。「ある個人に名を与え、その人に呼びかけ、その人をまなざし、社会における自己同一性をその人に付与するところの他者たちの主観性……私のアイデンティティ identité は、自分についての私の判断と他者が私に対して下す判断とが出会う点にあるのだろう」[72]。そして、他者の視点を取り込んでの自己の性格や人格の検討を、他者の視点を介した反省と捉える。「自己反省 auto-réflexion であると同時に異他反省 hétéro-réflexion［＝外部から、他者の視点で自分を反省すること］である反省の作用が、性格にまったく新しい規定を与える」[73]。反省の視角が他者からの影響を受け、変容するわけである。先に、変えられないものとしての性格を自己肯定することについて語ったが、自分に対する他者の見方も、確かにそれに対して異議を唱えたり修正を要求したりはできるが、やはり最終的には意のままにならないものとしてあり、性格と同様の仕方で自己肯定の対象となりうるのである。

第三部　感情と倫理

序

第二部までの自由の内的経験をめぐる考察は、最終的に、人格と徳に話題が及んだ。そのことは、ナベールが想定する自由が単に個別の行為のみに関わるものではなく、道徳的価値の選択や人格のありようをも含意することを示している。『倫理学要綱』と『悪についての試論』ではその方向性がはっきりと表れており、ナベール独自の倫理学が、自由論で導入された基礎概念を引き継ぎつつ展開されている。本書の第三部では、いくつかの伝統的学説との対比によって、ナベールの倫理学の特徴と意義を明らかにしていく。

ところで、価値観の選択や人格のありように関わる自由の経験は、自己そのものの変化を伴うという点で単独の行為や決定の選択とは位相を異にし、またその点に固有性が存する。この種の自由は、特定の価値観や人格を目標として設定しそれへ向けて自己を創り上げていくという意味での自由である。もちろん、ナベールも指摘するように、自己を変えるには実際に行為するしかない。けれども、個々の決定や行為の実践を自己の変化へと統合するためには、価値観や人格のレベルでの志向性が不可欠である。つまり、「〜な人物になりたい」という熱望に導かれて実行する行為のみが、目標となる価値観や人格の形成・定着に寄与しうるのである。

このことから、ナベールの哲学体系においては、自由の経験はすでにして道徳的含意を持つものとして捉えられていることがわかる。彼によれば、自由に振舞うとは、特定の価値観や人格として具体化された道徳的善を志向し、それに準じた決定や行為を行うことなのである。したがって、第二部で述べたアイデンティティのダイナミズムはもちろん、第一部の主題であった、発意から決断に至る一連のプロセスも、実は道徳的行為の文脈で理解されるべきものである。ここで人はカントの道徳理論を思い浮かべ、ナベールの自由論をそれと重ね合わせてみるかもしれないが、その連想は的外れではない。なぜなら、ナベールが道徳哲学を展開するに当たって常にカントを参照項として念頭においていたことは明らかだからである。しかし、ナベールの思考の独自性はむしろ、カントが取る枠組みと齟齬をきたす点にこそ認められる。

ナベールをカントから区別する特徴は大きく分けて三点ある。

第一に、義務概念に関する相違である。カントにとって義務はいわば天下り的に与えられる、道徳性の絶対的根拠であるが、ナベールにとっては、一個人内部あるいは個人間で衝突しあう人間の諸欲望を調整する機構に他ならない。それゆえ、義務の遵守は道徳的善を保証せず、同時に、義務違反は道徳的悪を意味しない。

第二に、感情の役割の重視である。カントは道徳的善悪の判定基準から感情を完全に排除した。それに対し、ナベールは、道徳性、とりわけ道徳的悪の規定において感情が重要な役割を果たしていると考える。それは次の記述によく表れている。「悪、あってはならぬことについての最も激しい感情は、所定のあるべきことの観念に先行する le plus fruste sentiment du mal, de ce qui ne doit pas être, précède l'idée d'un devant-être déterminé」(EM155)。「あるべきこと un devant-être」とは義務のことであるから、この一文の趣旨は、ある事柄は義務に照らして悪と判断される以前に、悪いという感情をわれわれに喚起することによって悪と判断される、ということである。要するに、事柄の善悪を判断する基準として感情が義務に先行するというわけである[74]。この義務に対する感情の先行性こそ、ナベールの道徳理論の核心をなすテーゼである。

第三に、他者との交流 communication の位置づけである。ここで言う交流とは、道徳的感情を単なる個人の私的経験にとどめおかず、相互主観的経験として他者と共有するための意思疎通である。ナベールはこうした他者との交流を悪に対処する方法と位置づける。超越論的主観の想定に基づいて個々人が独力で悪を脱しうると前提するカントと異なり、ナベールは、他者との関わり合いの中でこそわれわれは悪に向き合い、その経験の意味を真に理解するのだと説くのである。

そこで以下、義務、感情、他者との交流と順に論じ、ナベールの思想の道徳哲学としての側面を明確にしていく。

第1章　制度としての義務

「悪、あってはならぬことについての最も激しい感情は、所定のあるべきことの観念に先行する」。すでに述べたように、ナベールは、事柄の善悪を判断する基準として感情が義務に先行すると主張する。この義務に対する感情の先行性こそ、ナベールの道徳理論の核心をなす概念であり、したがって、この概念の内実を詳細に分析し当否を吟味する必要がある。本章では義務を中心に考察を行う。

1　義務とは何か――カントの義務概念

義務とは、一言でいえば、社会の秩序を維持する必要上、個々人が従うべき行動の規範である。そして、それは、カントによって初めて道徳原理の地位に押し上げられた。というより、カントが最初に義務道徳を哲学的に基礎付けたのであり、彼の著作が道徳哲学という分野が誕生する端緒となったのである。倫理 éthique を「実現された人生の目標」、道徳 morale を「普遍性の要求と拘束の効果という特徴を併せ持つ規範に合わせて人生の目標を分節すること」とするリクールの定義に従えば[75]、カント以前の哲学者は押し並べて倫理を論じていた。アリストテレスの「ニコマコス倫理学」にせよ、スピノザの「エチカ」にせよ、その著作の表題が直接示しているように、彼らは個人が善く生きるための方針や人生の目標、つまり倫理を説いている。アリストテレスは理想的な人格として徳を、スピノザは感情を制御する方法をそのような方針や目標として提示しているわけである。もちろん、彼らは特定の生き方を善きものとして示した上でそのように生きるべきだと主張しているのだから、その議論は規範的意味を帯びよう。だが、最終的には生き方の選択は個人の自由に委ねられる以上、やはり、倫理は道徳的義務のような「普遍性の要求」あるいは「拘束の効果」を持ち得ず、両者は大きく異なる。

カントと同時代には、カントとは別の方向から道徳を基礎付けようと試みる哲学者が現れた。ヒュームやアダム・スミスがその代表である。彼らは、感情や規約に道徳の基礎を求めた。つまり、義務や規範の、それ以上遡ることのできない根底に、感情という人間本性が存在することを示そうとしたのである。カントは感情、というより感性一般の克服に道徳の意義を見出すが、これに対しこの二人の哲学者、とりわけアダム・スミスは、共感 sympathy に注目し、この心の働きこそが道徳の成立基盤になっていると考えるのである。こうした発想は、後に、メタ倫理学の分野において情緒主義に分類されることになる。

ところで、ヒュームやアダム・スミスは道徳の根拠をなすものの解明を主眼としており、行動の規準を提示したわけではない。また、アリストテレスやスピノザの倫理学は、規範的含意はあるものの、それは強い拘束力を持たない。つまり、これらの哲学は、共同体の秩序を維持するという意味で「善く」行動するために個々人が服すべき規範ないし規則を提起したわけではない。その点で、カントの道徳哲学の特殊性は際立っている。ところが、一九世紀に入ると、カントとは違ったタイプの規範的な道徳理論が登場する。それは功利主義である。この立場においては、最大多数の最大幸福という単純明快な原理に基づいて行動の規準が設定される。道徳とは、他者から隔絶した個人としてではなく共同体の成員として人間がいかに生きるべきかを問い、また、個々人がどのように行動すれば共同体全体の安寧秩序を保証することになるかを探究する営みであるが、功利主義によれば、共同体の安寧秩序のためには個人は最大多数の最大幸福という原理を規準として選択し行動するべきである、というのが探究の末に到達した結論である。この原理は、個人が善き生を実現するための方針ではないし、道徳の発生論的根拠でもない。共同体の安寧秩序を維持・向上するために個人が選択や行動に際して常に遵守すべき規範である。功利主義は、共同体の秩序の保持を優先的に配慮するという側面ではカントの義務論と共通する。

だが、両者は評価の対象において決定的に異なっている。功利主義は選択や行為の結果のみを評価の対象とする。功利主義においては、決断の時点で与えられた情報から判断して最大多数の最大幸福を結果としてもたらす行動を選択しさえすれば、それだけで善い行為として評価される。つまり、動機や手段は問わないというわけである。これに対し、カントは、行為の結果よりもその動機を善悪の判断の対象として重視する。結果として単に義務に適っているのみならず、義務の遵守という動機に基づいていなければ、その行動は道徳的に善いとは見なされないのである。こうした二つの立場の違いは、カントの用いる具体例に即して次のように説明できる。商人が買い物に不慣れな客のために掛け値をしなければ、客にとって有益であるのはもちろん、売り手と買い手の双方の間に信頼が確立されて売買が促進されるため、市場全体にとっても利益がある。功利主義はここから即座に掛け値をしないのは善い行為であると判断する。だが、カントの立場からすると、そのような商人の行為が義務や正直さという原則のみを動機とせず、自己の利益を考慮して実行されたものであれば、それを善い行為とは見なしえないのである。

以上のように、様々な倫理学や道徳学説と比較した場合、カントの道徳哲学に見られる規範的原理としての義務の特徴は、規範への絶対的な服従、しかも外面的な適合性のみならず動機における服従を人に要求する、その厳格さにある。厳格さは、さらに、例外を認めないという形でも現れる。カントによれば、どのような状況でも、例えば、殺すためにある人を追跡している者から標的の居所を尋ねられるという状況でも、嘘をついてはならないという義務は守らなければならない。では、カントはなぜそこまで義務の絶対性を確信しうるのか。それはおそらく、普遍妥当的な道徳法則の実在を前提することに由来するのだろう。彼は、叡知界に存在する道徳法則を、現象界における個別事情とは独立にあらゆる状況に適用すべきだと考える。理性的存在者であれば普遍的な道徳法則を義務の様態で了解し、それを行動の格率として必然的に選択するはずだと考えるのである。こうした天下り的な説明を受け入れてしまえば、そもそも義務をめぐる問いかけは成立しなくなる。すなわち、なぜ義務が存在し、なぜ従わなければならないのかという、義務に従う理由もしくは根拠への問いが封じられることになるのである。

2　意志と自然の均衡としての道徳性

感情は義務（「あるべきこと」）に先行すると語るとき、ナベールが義務ということで念頭においているのは、間違いなくカントの義務概念である。義務がカントの想定しているような性質のものであるならば、道徳性は、義務による規定を受ける前に、まず感情によって根本的に規定されるはずだ、というわけである。ただし、ナベールは、道徳にとって義務は不要だと主張しているわけではなく、カントとは全く異なる観点から、その存在意義を認めている。ナベールによれば、義務は抑圧の装置ではない。それは、人間の諸々の自然的諸性向 penchants naturelles を調整する制度として存在する。そこで、自然的欲望を方向付ける仕組みとしてのこの義務概念を詳しく見ていこう。

ナベールの考えでは、カントによる義務の規定の難点は、感性と、道徳法則を必然的に格率として採用する善なる意志とを徹底して切り分け、後者による前者の完全な支配を道徳性と同一視するところにある。「周知の通り、カントのもっとも厳格な合理主義には、純粋意志と感性を完全に切り離さずにはおくまいとする努力の跡がいくつも見出される」（EE106）。こう述べた後、ナベールは道徳性と善意志との同一視に対する批判を展開していく。

善意志と感性

だが、ここで早速、反論が予想される。カントは感性と善意志を切り離しはしたものの、感性を非道徳あるいは悪の源泉とは見なさなかった、という反論である。つまり、彼は、感性と善意志を、道徳と非道徳もしくは善と悪という対立として規定したのではない、と。この指摘は正しい。確かに、カントは、『単なる理性の限界内の宗教』の中で、自然的傾向性は悪と関係せず、それ自体としてはむしろ善だと述べている。「悪の根拠を、ふつういわれているように人間の感性に、そしてそこに源を発する自然的傾向性に措定することはできない。そもそも自然的傾向性は悪と直接関係しない」[76]。「自然的傾向性は、それ自体において見れば善である。すなわちなんら非難すべきものではない」[77]。自然的傾向性そのものが悪なのではなく、カントによれば、本来の悪は、「傾向性が違反を唆すとき、それに抵抗しようと意欲しないこと」に存しており、「この心術こそがほんとうの敵」である[78]。別の箇所では、「善への根源的素質」として動物性（自己保存や生殖衝動に見られる自己愛）が挙げられており、自然的傾向性それ自体は悪ではないとする論調は一貫している。

しかし、われわれが取り上げようとする問題は、自然的傾向性と、それを格率として採用する意志のいずれが悪なのか、という二者択一の内にはない。道徳性の成り立ちを探究するという観点からすると、感性と意志を峻別するところが疑わしい。というのも、道徳性には、感性が含意する自然的性向が必然的に混入していると思われるからである。ナベールは言う。「人間の道徳性がいかなる高みに昇るように見えようとも、その成功を傾向の自然発生的な発露の延長上にあるものとして理解することは禁じられていない。他方、道徳性が打ち立てられる水準がいかに月並みなものであろうと、そこに、自然のうちには決してない熱望の痕跡を見出すことは常に可能である」（EE105）。道徳性、すなわち、人間の振る舞いに見て取れる秩序、あるいは拘束として主観的に体験される規則は、人間の自然な欲望や傾向を完全に制圧し排除したときに出現する道徳法則の純粋形態のごときものではない。複数の人間の共存を可能にするという条件の範囲内で、各人がおのれの欲望や傾向を最大限に実現するための制度である。つまり、道徳性は、意志による自然の支配ではなく、意志と自然の調和ないし均衡により発生するのである。それゆえ、道徳性の成り立ちを仔細に観察すれば、そこには必ず、欲望や傾向が発生の契機として存在しているのが発見されるはずである。同時に、そこには自然的欲望や傾向を超えようとする契機も見出されるだろう。というのも、自然的欲望はもっぱら自己保存や自己利益を追求するものであり、それ単独では、他者との共存可能性という制約も、自己保存や自己利益を超える価値への憧憬も生じることはなく、したがって、やはり、自然に還元することのできない要素が道徳の成立には関与しているはずだからである。いずれにせよ、道徳性あるいは義務は、カントの用語で言えば、感性と実践理性との混交として存在する。ところが、カントは、意志の力で感性を排する実践理性の自己内完結が道徳性の本質であると考えており、ここに誤りがあるとナベールは指摘するのである（カント哲学に典型的に見られるこうした義務概念についての検討は後で再度行う）。

自然的諸性向の調整

さて、では、感性と意志の混交、自然的性向と「自然のうちにはない熱望」との混交はいかにして果たされているのか。言い換えれば、義務はどのような仕方で自然的諸性向の調整たりえているのか。

ナベールの説明を整理しておこう。諸性向の調整は、「目標へむけて諸性向を我有化すること」（EE111）、すなわち「性向の捉え直し」（Ibid.）から始まる。これは、性向を対象化した上で肯定し、かつそれを自覚的に保持することにより、性向を、突発的な衝動という形で発露させるのではなく、未来の目標を実現するための持続的な推進力として制御するという意味である。では、それはいかにして可能となるのか。諸性向の統合、すなわち、諸性向の間に「一体性 unité」をもたらすことによってである。「性向の転換は、内的多様性のうちに新たな一体性を導入するかあるいは創設するよう求められる」(EE112)（「転換」とはここでは我有化と同義で用いられている）。人間は、非常に空腹であっても、あまりに眠いときには何も食べずに眠り込んでしまう。どちらの欲求を満たすべきかわからず途方にくれるということはない。これは諸性向の一種の一体性である。だが、ナベールが念頭に置いている一体性は、そのような自然的一体性ではなく、意志によって諸性向を一つの目標に向けて纏め上げていく「目的論的一体性」(EE114)である。そして、この一体性は、本能の力を用いる自然的一体性とは異なり、観念によって諸性向に方向性を与え、秩序付ける。観念を用いることで、いかなる事物によっても、また、本能によっても実現できなかった一体性が生み出されるのである。例えば、頼まれた仕事を期限までに仕上げるという目標の観念は、何らかの実在の事物によって喚起されるものではないし、また、諸々の欲求を本能が指示する順序に従って充足するという意味での自然的一体性とも異なる。それどころか、多くの場合、目標の観念は自然の一体性と対立する。仕事の完成へ向けての諸性向の統合は、観念を固定軸とした「目的論的一体性」によってのみ可能なのである(『倫理学要綱』の用語法に従えば、仕事の完成は「目標 fin」であり、一方、そうした行為の完遂を一要素として含む観念、たとえば〈誠実さ〉は「価値 valeur」と規定されている。つまり、「価値」と「目標」は目的 - 手段関係にある)。

ところで、複数の異なる諸性向を統合しようとすれば、そこには必ず制限――自然的一体性に伴う制限とは異質な制限――が生じる。義務が拘束的性格を帯びるのは、諸性向を同時にすべて実現できない現実に由来するこうした制限があるためだ。ナベールは、一体性が不可避的に引き起こし、また拘束的性格の原因でもあるこの制限を、「禁欲 ascèse」と呼ぶ。「もはや性向の目的ではない目的による性向のこの禁欲こそ、人間がなしうる最高度の形態の献身（犠牲的精神）の可能性の条件を倫理に対して与えるのである」(EE129)。ただし、ここで言う献身とは、自分の命を投げ出して他人を救うといった極限状況のみを表すのではない。特定の自然的性向、もしくはあらゆる性向を犠牲にして目標の実現を果たす行為全般を指している。また、「禁欲」は目標の制限でもありうる。というのも、現実には、特定の目標の実現のために自然的性向が犠牲となるケースのみならず、特定の目標のために別の目標の実現を断念しなければならないケースも数多く存在するからである。「まったく輝かしくない目的に自己を預けること、そのような目的のために他の実存可能性を断念すること、それらの目的への全面的な関与をさらに強めること……こうした実存可能性の制限や集中、さらには、行動、作品、義務の形で願望が個別的に証明されること、これこそが、目的による諸性向の禁欲と重なり合う選択の禁欲の特徴を最もよく表す契機である」(EE136、傍点引用者)。各々の目標は実存のあり方の様々な可能性そのものであるが、それらの可能性をすべて試行することは不可能である。一つの可能性の実現のために他の可能性を断念する、つまり、可能性を選択しなければならないのである。このように、諸性向の統合のみならず、複数の目標の統合においても、実存の諸可能性の制限と集中という仕方で、「禁欲」が要請されるのである。[79]

以上の事実から、義務が、自然的性向と理性との相互排他的な全面対立の上に成立しているわけではないことが明らかとなる。義務の拘束的性格は、理性が性向を完全に抑圧しようとするからではなく、性向に制約を課すところから生じるのである。つまり、あらゆる性向もしくは目標を、直接的かつ全面的に、しかも同時に充足させることが不可能であり、それらを制約せざるをえないがゆえに、義務は拘束的性格を帯びるのである。この重要な論点についてナベールはこう語る。「諸目標が傾向と対立するように思われるとき、諸目標が傾向の活力を別の対象に振り向けるとき、諸目標が諸傾向に充足を延期するよう強いるとき、それは傾向を根本的に破壊するためではなく、むしろ、諸傾向を超越する願望の作用に諸傾向を浸透させているためである」(EE130)。目標という図式に従って諸性向が統合されるとき、性向は欲求を直接的に充足してくれる対象から逸らされたり、充足を延期されたりする。こうした方向転換や延期が性向の制御に該当し、われわれはそれを義務による拘束として経験する。しかし、性向の制御は、実現のための調整であって、性向の抑圧や破壊ではない。本節冒頭で述べた意志と自然の混交としての義務とは、この、自らの意志で選び取った目標に沿っての性向の制御に他ならない。そして、カントの誤りは、義務のこの実相を見落としたこと、すなわち、感性と、善意志が格率として採用すべき義務とを峻別し、前者を後者の阻害要因と見なしたこと、前者の克服を後者の達成と同一視したことに求められよう。

3　自然的諸性向を調整する制度としての義務

義務が以上のような性質のものだとすれば、それに支えられた道徳もしくは倫理の役割とはいかなるものであろうか。ナベールによれば、倫理の役割は、本能的欲求の直接的充足と目標との相関の総体を再認識すること、そうして、両者がどのように制限しあい、自然的性向を越えた価値の実現へ向けて目標が性向をいかにして統御し利用していくかを見極めることである。さらに、倫理は、「諸目標が対応している現存の諸可能性を階層化しなければならない」(EE131)。「禁欲」は自然的性向のみならず現存の諸可能性にも課せられ、したがって人は一つの可能性を選び取らねばならないわけだが、特定の価値判断に基づいて諸可能性に優先順位を設定することもまた、倫理の役目である。ただし、想像しうるすべての諸可能性が実際に実現可能なのではないし、また、それらの優先順位は自己の意志だけに基づいて決定できるわけではない。なぜなら、現存の諸可能性とその階層化は、他者との関係性の中で規定されていくからである。「倫理に固有の内実とは、自我にとっては他なる意識との関係から生じた現存諸可能性の総体である」(EE138)。自己と同じように他者もまた彼自身の目標を実現できるのでなければならないという制約の下でおのれの現存の諸可能性を選択もしくは階層化するよう、倫理はわれわれに指示するのである（このように考えると、倫理と道徳は完全に独立したものではないことがわかる）。

ところで、現存の諸可能性の階層化を制約する要因は他者との関係性以外にもある。義務同士の衝突という事態がそれである。あらゆる状況に普遍的に適合するような義務の優先順位など実際には構築不可能だろう。われわれが義務の存在を改めて強く意識するのは、むしろ、ジレンマ、すなわちどちらも遵守する必要がある義務同士が衝突する状況ではないか。例えば、他人の心情への配慮という義務と、正直であるべしという義務との対立において、嘘をついてはならないという通念の普遍妥当性が真剣に吟味され始めるのである。ここで、個別的状況や個々人によるそのつどの決断から独立に諸義務の間には超越論的順序関係が存在すると想定すれば問題は解決するが、そのような想定をナベールは決して認めない。

ここで再度、義務とは自然的諸性向を調整する制度であるというナベールの見解を確認しておく。「いかなる制度も、おのれが創設する秩序を、個人の真なる欲望や意志作用に適合させるよう配慮しなければ、存続することはできない。……制度は、純粋性向に働きかけ、それに対して、制度を越えて純粋性向と自然的性向との自由な調和を促進するようにのみ服従を要請することをその使命とする」(EE147)。「純粋性向」とは、ミスリーディングな言葉遣いではあるが、文脈から察するに、普遍的な価値への傾き、カントの用語で言えば善意志もしくは実践理性に該当すると思われる。したがって、この箇所の趣旨は次のような主張である。すなわち、義務という制度は、目標へ向けての諸性向の統合という契機を介して、自然的性向と、目標や価値を働きかけの対象とする実践理性とを調和させることを使命とする。その調和は具体的にはいかにして果たされるのか。それは、目標を固定軸とし、自然的諸性向をその目標の実現に向けて統合・一体化していくことによってである。

ただし、これも繰り返しになるが、諸性向の一体化が性向の抑圧ではなく、いわば水路付けである点に注意すべきである。様々な普遍的価値や目標は性向と必ずしも矛盾しないし、また、義務は性向の完全な排除によって価値や目標を実現しようとするのではない。義務は自然的性向を排除するのではなく、その推進力の方向性を決定するだけである。ナベールは制度の実例として、財産所有に関する制度と婚姻制度を挙げている。前者は、人間の獲得本能それ自体を否定し抑圧するものではなく、獲得本能を「拡張の根深い欲望」から切り離すことで、この本能が無際限に拡張し自己目的化するのを防いでいるに過ぎない。後者もやはり、性的な欲望を否定するのではなく、「本能の根深い願望を絶対的な誠実さという意味［方向］で解釈する」（EE151）機能を果たしているのに他ならない。本能的欲求それ自体はひたすら充足を求める衝動であっていかなる意味も持たない。だが、それは同時に、いかなる意味づけも受け入れる余地があるということでもある。婚姻制度ならびにそれが前提とする義務は、性的欲求の対象を固定し、そのように固定された欲求を配偶者に対する誠実さとして意味づける。そしてわれわれは、制度のこうした方向付けに従って、性的欲求を特定の相手に向けるべきものと理解するのである。

統合と全体性への熱望

それでは、性向を導く方向性の指標となるのは何か。また、性向の実現の制約を規定する根拠は何か。一つには、他者との関係性がそれに該当するであろう。つまり、他者の自由を侵害しないという条件が進むべき方向の指標となり、性向の実現に課される制約を規定する根拠となるわけである。実際、実存の諸可能性の選択に他者との関係性が限定要因として関与する事実をナベール自身が指摘していること、これはすでに見たとおりである。

だが、これに加えて、自然と意志の調和という問題図式にこだわるナベールは、一個人が義務を通して自己内部の対立しあう諸性向を御していく事実に注目し、この観点から、方向の指標あるいは制約の規定根拠として熱望に論及する。ここにナベールの義務論の特徴がある。「道徳と生命の関係は、対立でも同一性でもなく、次のような複雑な関係である。制度や規則が自然を強制するというより、それらが自然をその自己から開放し、自然が最初は意識していなかった熱望を自然に示してやる、そんな関係である」（EE150）。熱望とは、ここでは「統合と全体性の欲求」を意味する。「自我にとって、中心的な熱望についての第一の証言となるのは、欲望の多様性からおのずと立ち上がる、統一と全体性の欲求である。この欲求は、欲望と満足の断続をものともしないでおのれを構成しようとする自我、そのしるしである持続の要請を伴っている」(EE148)。個々の自然的性向は欲求の直接的で全面的な充足を求めるが、しかし、性向を持つ主体である自我にとっての願望は、欲求の直接的全面的充足に尽きるものではなく、熱望、すなわち統一と全体性の欲求も内包している。両立不可能な複数の性向を同時に直接的かつ全面的に満たそうとすれば混乱に陥るしかないが、性向の充足に制約を課し調整を加えることで、諸性向の間には調和が確立され、一個の集合体としてのまとまりを得ることになる。そして、諸性向のこのまとまりが自我を構成するのである。諸々の性向を自らの構成要素として持つ自我は、個別の性向が充足されるか否かとは独立に自己が一個のまとまりとして存続することへの欲望を秘めている。個々の性向の充足とは異質な、多様な諸性向の統合それ自体へのこの欲求が、「統合と全体性の欲求」であり、ナベールが何度も言及する熱望の内実である。そこで、制度としての義務の役割は、一個の生命体である人間に、自然的性向とは異質な「統合と全体性の欲求」すなわち熱望に目覚めさせ、その欲求に即して諸性向を調整し制御する――言い換えれば、間接的かつ部分的に、その代わり効率よく最適の順序で実現する――手順を指示するところにある。

4　義務の客観性を超え出る感情

義務の存在意義が自然的諸性向を統合し方向付けることに存するのだとすると、道徳的善悪は義務によっては規定されないことになる。言い換えるなら、義務への服従を善、義務からの背反を悪と規定する発想は的を外した議論となるのである。したがって、道徳性の中でもとりわけ悪を考察の主題とするナベールは、義務の違反を悪と定義する道徳理論を執拗に批判する。確かに、義務は一人の人間が諸性向を調和させ適切に実現できるよう導き、また、そうすることで「統合と全体性の欲求」の充足ももたらす。しかも、この点がとりわけ重要なのだが、義務は、他者が同様に欲求を充足する機会を保証するように、一言でいえば他者との共存を可能にする仕方で、個人の行為を導く。だとすれば、義務の違反が負の価値を有する行為として評価されるのは当然である。だが、負の価値を有するということと悪とは必ずしも同一視できない。なるほど、義務の違反を悪と規定する見方も一つの立場として成立するし、また、実際、カントに代表される有力な立場として存在するが、それはあくまで一つの見方に過ぎない。異論の余地は大いに残されている。ナベールが善悪の基準を義務からの距離に求める道徳理論、いわゆる義務論を批判するのも、彼が、義務論の枠組みでは取り逃がしてしまう道徳的経験の内にこそ悪と規定するのにふさわしい事態を見出すからである。

正当化できないものの感情

ナベールが道徳性の本質を見出すのは、義務の遂行とは無関係なところで成立する感情的経験である[80]。われわれが、道徳法則の要求通りに行動したのに正当化されていないという感情を抱く事実にナベールは注目し、この感情を「正当化できないものの感情」と呼ぶ。ここで言う正当化とは、言い繕ったり弁明したりすることではなく、どのような形であれ、無辜が証明されている、あるいは与えた被害の補償が果たされる、という意味である。義務論者にとっては、義務を遵守すればそれだけで正当化は遂行されているはずである。ところが、義務に従って行動したとしても、正当化されていないという感情が生じる場合があり、道徳的悪をその深みから捉えるためにはこの事実を考察の対象とする必要がある。ナベールはそう主張する。

義務論者からすればこのような感情は理不尽なものと映るだろう。ましてや、その感情こそが道徳的悪の実体であるとする考え方など、到底受け入れられないだろう。そして、義務の本性である普遍性ないし客観性を強調し、個人によってまちまちな感情は善悪の基準たりえないとして真っ向から異論を唱えるだろう。ナベールはこの反論にどう答えるのか。彼ももちろん、普遍性の意義は認める。「普遍的なものは諸意識の間の関係の相互性を基礎付ける。この相互性のおかげで、各々の意識は、互いを主観もしくは諸関係の中心と見なす可能性、そうして尊厳や対自的実存――意識がこの［普遍性という］規範を受け入れていなかったら知ることはなかっただろう――を獲得する可能性を得るのである」（EM64）。「普遍的なもの」は、個々人が自分を世界の中心と見なし状況に関わらず常に自己利益を最優先する、その「根源的偏り」（Ibid.）を正し、他者もまた自分と同じく利益を追求する主体であることを個々人に理解させる。そこから、義務は誰に対しても同じように適用されるべきであること、それゆえ自分もまたそのつどの事情に関わりなく義務に従うべきであること、自分と他者を同等に扱うべきことを、個人は了解するのである。義務がこうした普遍性を保証するものであることをナベールは否定しないし、普遍性の意義も十分に認めている。

だが、義務が多数の人間の共存にとっていかに重要であるとしても、そのことと、道徳的悪をどのように規定するかという問題は全く別の事柄である。義務の重要性という事実から、それに対する違反を悪とする定義は帰結しない。そして、ナベールの関心は、義務違反に回収しきれない道徳的経験にこそ向けられているのである。義務は、それに照らして妥当である valable 行為と妥当でない non-valable 行為とを区別するべく機能する概念装置である。それゆえ、義務に基づいて道徳的な善悪を識別しようとすれば、妥当な行為が善で、妥当でない行為が悪として規定されることになる。ところが、ナベールは、悪は妥当でない行為ではなく、それどころか、義務が設定する妥当／妥当でないという二項対立を超え出るものと見なす。義務に基づいて妥当／妥当でないという判別処理をした後でも残り続ける余剰に悪の独自性を見て取るのである。そしてその余剰こそ、「正当化できないものの感情」である。ナベールは問う。「正当化できないという感情がとりわけ強く、一切の緩和をはねつける場合に、判断の規範がいかなるものであるかを簡単に言うことができるだろうか？」（EM21）一般に通用している規範に照らして所与の行為を妥当でないと判定し、それに応じて行為者にサンクションを科したとしても、一向に弱まることのない感情が存在する。通常の規範が設定する妥当／妥当でないの二項対立と相容れず、その判別処理とは独立に存続する感情の意味を無視することはできない。「そのようにして［正当化できないものとして］現れるものが特定のあるべきこと devant-être にまったく合致することができず、しかも、絶対的な権威を有する規範に依拠しつつわれわれが妥当なものと妥当でないものとを対立させているその境界の外側にわれわれが実際にいる、というように事態が進行するとしたら、われわれは自分の感情を非難するだろうか、その感情の意義を否定するだろうか？」（EM22-23）自分自身の心のありように誠実であれば、この感情を非難することも、その意義を否定することもできず、規範が指定する悪とは別次元の悪を確定すべく思索を進めなければならない、というわけである。

では、「正当化できないものの感情」と義務違反との間に存在する、道徳的悪の要因としての資格の違いは、何に由来するのか。それは、前者が「意識の原因性」に関わるものであるのに対し、後者は個々の行為を対象とするという相違である。「道徳法則に則って判定された個別の諸行為の公正さについて意識が感じている安心感は、自我が、それらの行為によって証明された原因性の性質について問うや否や、最も大きな不安に道を譲る。この不安はどこから来ているのか？　道徳性の命令に従ってなした行為の非の打ち所のなさを認めることについて意識が躊躇を感じることが少なければ少ないほど、この不安が一層顕著になるのはどうしてか？　この不安が証言する正当化の要請は、自我が義務の違反について自分を責める必要がないという事実によって、やわらげられるどころか、逆に強められる」（EM65）。ここでの原因性とは本書の第一部で解説した「意識の原因性」であり、義務に準じたにもかかわらず湧き起こる正当化されていないという感情は、個別の行為ではなく、この原因性を対象としている。つまり、個別の行為だけを見れば義務の命令に従っているが、その行為の原因、つまり、同種の状況で同種の行為を反復する意識の働きにまで踏み込んで吟味するなら、自己の正当性についての確信が揺らぎ、不安が顔を覗かせるというわけである。この不安感もしくは「正当化できないものの感情」の意味解明は、道徳的悪が、個別的行為ではなく、「意識の原因性」の次元で問われてはじめて可能となる。この論点については第2章で詳しく述べる。

5　義務に対する態度

道徳意識と義務の間の〈距離〉

妥当/妥当でないの判別に回収されない残余、すなわち、義務を遵守したとしても残る正当化されていないという感情、これが「正当化できないものの感情」である。この感情は、善悪の道徳性が義務の遵守・違反とは別次元で成立する可能性を示唆する。

ところで、義務に服しても無辜であることの実感が抱けないというのは、義務と意識の間にいわば〈距離〉が生じていることの証左だと言えるのではないか。もし〈距離〉がなければ、義務の遵守は自分が無辜であり正当化されているという確信をもたらし、「正当化できないものの感情」が発生する余地はないだろう。したがって、義務に基づく判別に回収しきれない残余としての感情は、道徳意識と義務との〈距離〉の存在を指し示しているものと理解できる。

こうした感情が示唆する〈距離〉は、大抵義務を遂行した後に明らかになるが、遂行する前、つまり、義務に従うべきかどうか逡巡する場面でも現れているのではないか。ためらい、迷うというそのことが、すでに義務と意志の〈距離〉の存在を露わにしている。ところが、カントの義務論は、「正当化できないものの感情」が立ち現れる行為後の場面のみならず、行為に先立つ場面でのこうした〈距離〉をも度外視しているように思われ、そこに彼の議論の不十分さが露呈している。カント哲学を批判する上で有効な視角を与える義務と意志の〈距離〉というこの概念について、ナベール自身はあまり自覚的ではなく、主題的には論じていない。ただ、幾人かの論者がこの点について緻密な分析を行っているので、それらの議論を適宜参照しつつ、〈距離〉に垣間見える意志と義務の関係性を明確にしていこう。

カントによる適法性と道徳性の区別は有名である。道徳性は、単に結果として義務に適っている〈適法性〉のみならず、義務に基づく、つまり義務を唯一の動機とする行動に付与される性質である。だが、ある行動が義務に基づくものと見なされるとき、行為者の意志は必然的に義務と一体化していると断定できるのだろうか。むしろ、多くの場合、道徳性はその内部に意志と義務との〈距離〉を抱えこんでいるのではないか。つまり、義務を前にして人は迷い、あれこれ熟慮した結果、義務を動機として選んだり選ばなかったりするはずである。ところが、善意志は自然的欲求など他の種類の動機を退けて義務を最終動機として選択する、というカントが描く構図においては、善き行為には選択は存在しない。というのも、彼によれば、善意志は必然的に義務に基づくのであって、義務以外の動機には準拠しないからである。そして、もし他の動機を選び取ったなら、それは、意志の本来の働きが阻害されたためだと説明される。このように、カントの枠組みでは、意志は義務と一体化しており、意志の自律もしくは自由の行使とは、常に義務への服従を意味する。そこでは、義務を対象化し、〈距離〉を自覚した上で、自分の意志で義務を動機として選び取るもしくは選ばない、という選択の契機は実質的には除去されているのである。

ただし、周到なカントは、義務とそれ以外の動機の間での逡巡という契機を完全に見落としているわけではない。彼は、「自己自身に対する義務」、すなわち、義務に対する自己の態度それ自体に関する義務に論及する。この「自己自身に対する義務」は自己認識の義務ならびに偽善の禁止[81]と規定されているが、高橋克也が指摘しているように、義務に向き合う自己の内面のあり方、義務に従うときのその従い方にまで及ぶ規範と解釈するのが妥当である。つまりこういうことだ。行動が真に善きものであるためには、その行動が結果として義務に適っているのは当然で、行為者が義務に従っていなければならない。のみならず、行為者の内面で義務とそれ以外の動機との間での葛藤が生じることなく、義務だけを動機として行動に踏み切るのでなければならない、と。道徳法則との一致を個人の内面にまで持ち込むことによって、道徳性は、高橋の表現を借りるなら、「究極的には道徳的選択の舞台である格率の並立状態そのものの克服を目指」し、それゆえ、「道徳的選択（の繰り返し）を通してかかる選択の舞台そのものの撤去を目指す」という「離れわざ」を企てることになった[82]。道徳の純粋さを極限まで追求するカントは、こうして、選択そのものの克服を命ずる義務にまでたどり着いたわけである。

しかし、「自己自身に対する義務」の概念の導入によって、問題が解消したとは考えられない。先に、カントが義務と意志の〈距離〉に無頓着で、両者が一体化していることを批判した。そして、公平を期するために言及した「自己自身に対する義務」は、確かに、カントが義務と意志の〈距離〉に注意を向け、両者の一体化が所与ではないと認めたことを示している。けれども、この義務概念は、格率を選択する余地の消去を志向している。つまり、カントは、逡巡し選択する契機を事実として確認したものの、それを除去すること自体を一つの新たな義務として規定したにすぎないのである。そこでは、選択とは、理性が完全支配を成し遂げるまでの過渡期に生ずる一種の未熟さの表れとして捉えられている。したがって、〈距離〉を自覚した上での主体的選択という現実を不当に捨象しているのではないかとの疑惑は依然として残ることになる。

一つの選択肢としての義務

ナベールの意を忖度すれば、ここでカントに対して二方向からの批判が可能である。

一つは、義務を超える感情の存在に関わる。義務に服従しさえすれば正しさが証明され、当人は心の平安を獲得するはずである、カントはそう想定しているだろう。だが、われわれは、義務の命令に従ったとしても、正当化されていないという感情を抱くことがある。道徳的善悪を語るのであれば、この感情こそ解明すべきだ。ナベールはそう主張する。この点については、次章で改めて論じる。

批判の論点のもう一つは、主体的選択の積極的な肯定に基づくものである。カントは義務と意志の合致を自由と同一視して、実質的な選択が働く余地を消し去ろうとする。けれども、ナベールに言わせれば、自然的諸性向を調整するための制度である義務は、高い客観性を有するけれどもやはり一個の価値にすぎず、あらゆる理性的な人間があらゆる状況でそれに従うとは、たとえ権利上であっても断定できない。しかも、義務同士の衝突も生じうる。義務に忠実であろうとすれば、われわれは、両立し得ない二つの義務的命令の間で一方を選び取り他方を放棄せざるを得ない状況にたびたび直面する。そこでは、選択および我有化は不可避である。ここで、ナベールは、義務の衝突を根拠として我有化が不可避であると主張するにとどまらず、義務をより内面化し自我とより一体化させるための機会としての衝突の役割を強調する。「衝突は、以前は義務が抑圧しようとしていた願望や実存可能性を自我に対してあらわにする」(EE162)。「衝突の認知とそれが意識に課す試練は、道徳性を向上させ、自我を己の存在に接近させることのできる難局 crise である」(EE163)。

以上のことから、人間の自由は、義務との全面的な合致ではなく、それを他ならぬ自分が肯定する価値として選び取る、つまり我有化する局面で捉えられるべきことが明らかとなる。換言すれば、義務との一致・不一致は、自由な選択や我有化の文脈で論じられるべき事柄だということである。

6　行為者相対性

義務に対する態度を、個人の自由な選択の局面で捉えるべきだとする考え方を、トマス・ネーゲルの議論を参考にしてさらに敷衍しておこう。

義務との一致を真の自由の行使と規定するカントの理論においては、状況を問わず誰であれ、義務に従うべきだと前提されている。理性的存在者は押し並べて自らの意志で義務に従うはずであり、そして、いかなる立場や状況でも義務を遵守することこそが意志の自律だというわけである。こうした道徳法則の普遍妥当性、つまり、当事者がどのような人物であるかとは無関係に、誰にでも同じように規範が適用されるという発想を、ネーゲルは、「行為者中立性 agent neutrality」と呼ぶ。確かに、義務には行為者中立的な側面がある。道徳的命令はわれわれに行為者中立的に振舞うことを要請するし、また、他人がそのように振舞うと個々人が確信もしくは期待できなければ、制度としての義務は崩壊してしまうだろう。

だが義務に関わる行為は必ずしも行為者中立的ではない、ネーゲルはそう主張する。例えば、ある人は、普遍妥当的な義務を超える義務、いわゆる「不完全義務」を果たさねばならないと考え、危険を冒してでも線路に落ちた人をホームに引き上げる。あるいはまた、生活に困窮している友人に無利子無証文で金を貸す。このように、状況を問わず誰にでも要求はできないが、しかし、ある人々は義務だと見なし自由な選択に基づいて実行する、義務にはそのような側面も存在するのである。ネーゲルは、義務のこうした拘束を、義務論 deontology に固有の「行為者相対性 agent relativity」と規定し、行為者中立性と並立する、広く認められる行為の正当な理由であることを強調する（ただし、ネーゲルは、行為者相対性を「不完全義務」に限定せず、義務一般に認めている）。「義務論的拘束は、行為者の目的もしくは企てではなく、他者の権利要求に基づく行為者相対的理由である」[83]。「義務論的拘束それ自身は、いかなる種の行為者の行為者中立的価値の表現としても理解することはできない」[84]。ここでは、義務の拘束が含み持つ行為者相対的な性質の存在が指摘され、それは行為者中立性に還元できない旨が主張されているのだが、さらに、ネーゲルは、こうした行為者相対性が生じる理由として、特定の状況におかれた当事者であることや、利害関係を有する他者との関係を挙げて説明する。つまり、客観的に見ればある人物に金を無利子で貸す義務はない状況であっても、自分がその状況の当事者であり、しかも金を必要としているその人物が大切な友人であれば、行為者（であると同時に、行為の道徳的価値の評価者）が他ならぬ自分であるがゆえに、義務論的拘束を受けてしまう、というわけである。そうしたある種の「偏り」ないし「パースペクティヴ」を、ネーゲルは、矯正すべき認知上の歪みとして非難するのではなく、それらを道徳的判断に関する事実としてそのまま肯定するのである。

ネーゲルのこの議論は、カントの義務論に見られる独断的な行為者中立主義に対する批判として有効であり、同意できる。誰が行為し、誰が判断するのかを特定することなしに道徳的価値を問うことの無意味さを明らかにした功績は大きい。ここではその点を強調しておきたい。

ただ、疑問の残る側面もある。それは、義務論的拘束が、選択ではなく他者からの権利要求であり、主観的な自律性を何も表していないと説明されている点である。「義務論的理由の特徴は、それらは行為者相対的であるが、行為者の主観的な自律性を何も表していない、という点である。それらは要求であって、選択ではない。逆説的なのは、偏っていて特定のパースペクティヴから発せられる、他者の利害へのこの尊重が、パースペクティヴを持たない行為者中立的な尊敬に道を譲るべきではない、ということだ」[85]。当事者であるという事実と、個人的な関係を結んでいる他者の存在とが、有無を言わせぬ義務論的拘束としてわれわれに迫ってき、要求を突きつけるという事態を指して、ネーゲルはこのように規定しているのであろう。だが、実際には、われわれは、他者からのいかなる権利要求にも応じないではいられないほど義務と一体化しているわけではない。そうではなく、自己利益と秤にかけて熟慮し、要求に応じても何の得にもならないことがわかっていながら、それでもやはり応じることを選択するのだ。われわれとしては、この我有化、すなわち個人の自由意志に基づく選択という契機を見落とすわけにはいかない。なぜなら、義務に対する態度を主題化する脈絡でカント的義務論を批判してきたその目的は、まさにこの我有化を重視する必要を説くところにあったからである。

われわれは二重の意味で義務論的拘束を相対化したわけである。第一に、誰が行為者であり誰が評価者であるかによってその拘束は相対的であるという意味。第二に、行為者中立的であるか相対的であるかに関わらず、われわれは義務からの命令をいったん対象化し、その価値を改めて肯定、すなわち我有化し、選び取るという意味。言い換えれば、結果的に義務に従って行動したとしても、そこには我有化の局面が介在しているのであり、その事実を否定して、一切の対象化ならびに我有化の契機を差し挟まずに義務に従うことが義務に対する理想的な態度だと語りうるほど義務は絶対的なものではない、という意味での義務の相対化である。ネーゲルは、第一の意味の相対化を成し遂げた先駆者であるが、第二の意味での相対化を遂行できていないわけである[86]。これに対し、ナベールは、第一の相対化には無頓着であるが、先述のように義務の衝突の例を挙げて、選択ないし我有化を義務への信頼をより深めるために不可欠な局面として位置づけ、結果的に第二の相対化を明確に示したのである。

第2章　道徳性と関わる感情

義務を基準とした妥当／妥当でないの判別は道徳的善悪の定義たりえない、これがナベールの考えの趣旨であった。繰り返し断っておくが、彼は義務の存在意義を否定したのではない。他者と共存しつつ人間が自然的性向を御していく手段として義務を規定し、その限りでの意義は認めている。ただ、道徳的善悪を義務との関係性とは切り離して捉えようとするのである。彼は、道徳的善悪、とりわけ悪を、義務ではなく感情に依拠して説明しようと試みる。そこで、われわれとしては、感情それ自体を主題的に論じる必要がある。その上で、感情によって道徳を根拠付けるナベールの理論が成功しているかどうかを検討しなければならない。

1　形式主義と感情

ナベールの思想の立ち位置を正確に測定する上で常に参照項となってくれるカントが、道徳性における感情の働きをどのように理解していたのか、まずはそれを確認しておこう。

戦略としての形式主義

先に見たように、『宗教論』でのカントは、悪を、格率のあるべき順序の転倒として純粋に形式的に定義する。だが、格率相互の転倒した順序関係もしくは混合という単なる形式が悪であるなら、悪は倒錯した事実認識の経験とはなっても、倫理的な経験とはならないのではないか。こうした疑問が即座に浮かぶ。道徳的悪が倫理的価値概念であるのは、それが、格率の順序関係の事実認識に収まりきらない何らかの倫理的実質を含むからであろう。格率を採用する心術こそが悪の所在である、と言い換えたところで本質は変わらない。いずれにせよ、カントが提示する悪概念は、悪に関する現実の経験と齟齬をきたしていると思われる。われわれが通常理解している限りでの悪とは、格率の順序形式に収まらない、感情というもっと具体的な内実を伴った経験ではないのか。

だが、カントはこうした反論を予測した上であえて悪を格率の転倒した順序として規定していると思われる。研究者も指摘するように[87]、カントは意図的に、悪の内容、すなわち感情や動機を含めた主観的体験全般ではなく、順序という形式のみを問題にしているのである。言い換えれば、彼は戦略的に、当該行為の動機と道徳法則との形式的関係に照準をしぼって議論を展開しているのである。カントは、形式先行の根拠を次のように説明している。「善の概念および悪の概念は、道徳的法則に先立つのではなくて（善および悪の概念のほうが道徳的法則の根底に置かれねばならないと思われるかも知れないが）、（いまここで述べるように）道徳的法則のあとにあり、この法則によって規定せられねばならない」[88]。ここでカントが念頭においていて、かつ批判の矛先を向けているのは、道徳的法則を規準とせず、対象の善・悪の基準をわれわれの快・不快の感情との一致に求めるような善の概念および悪の概念である。つまり、ある行為が引き起こす不快の感情を、その行為を悪いと評価する基準だと見なす考え方である。こうした考え方に対して、カントは、順序関係を見誤っているとして批判する。感情に基準を求める考え方は、感情が道徳法則に先行し、道徳法則への服従は快感情を引き起こすから善、違反は不快感情を引き起こすから悪だと規定する。だが、カントにしてみれば、本来の順序は逆で、まず意志ないし動機の道徳法則との一致・不一致が善・悪を規定するのであり、こうして規定された善・悪と快・不快の感情との一致は派生的で偶然的な事柄に過ぎないのである。経験的事実である感情を基準とする悪の概念は、ア・プリオリな道徳法則の存在可能性の検討を怠ったがゆえの本末転倒の発想だというわけである。いったんア・プリオリな道徳法則の存在を前提すれば、行為の道徳的評価はその動機と道徳法則との関係性、すなわち形式のみによって決定されるのであり、感情のような内容は、そこに後から付け加わる副次的な要素でしかないというわけである。

確かに、カントは、道徳法則に対する尊敬の感情だけは特別視し、道徳性の成立のために一定の役割を果たすことを認めている。だが、それでもやはり善悪の判定基準としての資格は慎重に取り除いている。「かかる感情［尊敬の感情］は、行為の判定にも役立たないし、まして客観的な道徳的法則そのものの根拠を確立するものでもなく、ただ行為者が道徳的法則を自分の格率たらしめるための動機として役立つだけである」[89]。「尊敬の感情は、快楽にも苦痛にも数えられ得ないが、しかしそれにも拘らず法則の遵奉に対する関心を産み出すのである」[90]。道徳法則それ自体がいかに善を体現していようとも、行為者たる人間が法則に無関心でそれに従おうとする意欲を持たなければ、法則が格率として採用されることは決してない。そこで、カントは、尊敬の感情に、法則への動機付けと関心を喚起するという補助的役割を割り当てたわけである。ただし、この場合も、ア・プリオリな道徳法則が感情に論理的に先行するという順序関係は揺るがない。

道徳法則に対する感情の先行

さて、ナベールは、カントのこの形式主義に真っ向から対立し、カントが前提する順序関係に正面から異議を唱える。ナベールは、『悪についての試論』において、第一章すべてを費やして「正当化できないもの」という独自の概念の定式化を行い、最終章では「正当化できないものの感情」がいかなる規範や法則（に即した妥当／妥当でないの判別）をも超えると主張するのである。法則が先か感情が先かという問題は確かに難問である。たとえば、「君自身の人格ならびに他のすべての人の人格に例外なく存するところの人間性を、いつでもまたいかなる場合にも同時に目的として使用し決して単なる手段として使用してはならない」という命令として発せられる道徳法則が、いかなる経験にも先行して人間の根本的な判断規準となっていて、そこに偶然的かつ付随的に感情が湧き起こるのか、それとも、感情が原初的であって、それに合わせて――快感情の対象となる事柄を推奨して不快感情の対象を禁じるという仕方で――法則が設定されるのか。[91]前者の考え方からすれば、感情は評価対象の道徳法則との一致・不一致に応じて生じる心理状態であり、しかも個人ないし状況に相対的なのだから、道徳的評価の基準たりえない。他方、後者の立場からすると、搾取や詐欺といった、人を「単なる手段として」使用する行為を目の当たりにすれば、人間は即座に許せないという感情を抱くのであり、そうした感情の喚起があって初めて人間は規則を設定する必要を実感し、またそれに従おうとするのだ、という理路になる。

　感情と道徳法則の順序関係の問題を誰もが納得する仕方で解決するのはおそらく不可能であろうし、また、どちらが先かにこだわることにはあまり意味がないように思われる。大事なのは、むしろ、両者がどのように相補的に機能しているかを考えることではないか。その関係性の精緻な考察が要請されているのである。そして、そのためには、まず道徳的な感情のありようについての繊細かつ包括的な省察が不可欠である。カントは、尊敬というただ一例ではあるが、確かに感情と道徳法則の関係性に言及してはいる。だが、感情の存在意義を過小評価しているためか、感情それ自体についての考察は不十分である。そのことは、感情の優位を認める立場を、悪を不快の感情と同一視する功利主義に回収するという、いかにもおざなりな態度に表れている。否定的な評価の基準となりうる道徳感情を不快の感情に一元化するのはあまりに粗雑である。これに対し、道徳哲学へのナベールの貢献は、カントへの対抗意識に引きずられて感情の先行を過度に強調する傾向はあるものの、「正当化できないもの」という独自の悪概念を提起し、それと対応した感情のありようを様々な側面から検討している点にある。そこで、われわれは、「正当化できないものの感情」のみならず、道徳的感情全般についてのナベールの議論を正確に理解することに努めなければならない。

２　「罪の感情」と「過ちの感情」

第１章の４節ですでに言及した通り、ナベールは、道徳的性質を個々の行為ではなくその行為をなす主体、より正確には、「意識の原因性」の水準で問題にする。したがって、悪と規定される対象は「意識の原因性」であり、個々の行為は、そうした原因性に基づくものと認定された後に改めて悪と規定される。さて、ナベールによれば、不純な「意識の原因性」はまず、道徳法則に反することなく行動したのに自分は正当化されていないと感じるその不安感として経験される。「道徳法則に則って判定された個別の諸行為の公正さについて意識が感じている安心感は、自我が、それらの行為によって証明された原因性の性質について問うや否や、最も大きな不安に道を譲る。この不安はどこから来ているのか？……この不安が証言する正当化の要請は、自我が義務の違反について自分を責める必要がないという事実によって、やわらげられるどころか、逆に強められる」（EM65）。ナベールはこの感情を「罪の感情」と呼び、「過ちの感情」から識別することでその特徴を際立たせていく。「過ちの感情が、道徳性に属するなすべきこと devoir-faire に固く結びついたままであり、また、[過ちの感情においては] 義務が、行動する主体の内部に、常にいかばかりか二面性をもたらすのに対し、罪の感情は、自我によって自我の内部に引き起こされた断絶 rupture から生じる。この観点からすると、過ちがはっきりと罪になりゆくのは、過ちがもはや規則からの違反と感じられず、あれこれの命令に従うことの拒絶と感じられず、そうではなく、自我の存在それ自身の減退と感じられるときである」（EM89-90）。

「過ちの感情」においては、われわれは、義務を規準としてなすべき行動を想定し、そのあるべき行動と自分が現になした行動との隔たりを実感している。すなわち、義務と自己との間に、義務を規準とした判断により、亀裂がもたらされる。ところが、「罪の感情」は、義務や規則とは関わりなく、あるべき自分とのずれを感じる、そのような感情である。「罪の感情は、われわれが現に取った決断に相反する決断を要求する規則や義務に対する個別的行動の関係を超えており、また、その感情は、われわれの作用があらわにし、あるいは強調する原因性の下劣さについての確信も含みこんでいるので、意識を悪について自問するよう導く」(EM94)。この感情が告げ知らせるのは、「一時的な意志の脆弱さではないし、ましてや、義務に順応した行動の動機の不純さ」でもなく、「個別的な諸決断を通してしか接近できない原因性の出現」(Ibid.)である。要するに、「過ちの感情」が個々の行為を対象とするのに対し、「罪の感情」は、個々の行為を超えて、諸行為を通して垣間見られる「意識の原因性」にまで及ぶ。そして、その原因性そのものが不純なのではないかとの疑問を抱かせるのである[92]。

「可能性」の反省

自己がなした行為の道徳的性質の吟味は、本書の第二部で詳細に論じた反省という様態において行われる。われわれは、反省の効果として「罪の感情」を経験するわけである。そして、発意や我有化など意識の作用を反省の対象とする発想はここでも保持されている。つまり、acteという用語により、意識内部で生じる作用と世界に変化を起こす現実の行動とを同一平面で捉え、他者に影響が及ぶ現実の行動と同様に、意志作用についても、その道徳的意義を検討し評価することを、ナベールは反省と規定しているのである。

では、「罪の感情」を引き起こすその反省はいかなる意識の作用を対象とする働きなのか。ナベールが「可能性 le possible」と呼ぶものがその対象に該当すると思われる。「意図それ自体の背後に、自我の原因性をあらわにする諸可能性の出現にまで遡らなければならない。……良心の呵責がわれわれを送り返すのは、まさに、可能性がそこから出現してくるところの原因性の性質をあらわにするこの作用のもとである」(EM70)。正確に言うと、「意識の原因性」それ自体は反省の対象となりえず、その対象となるのは、「可能性」である。そこで、複数の「可能性」を記号として「意識の原因性」を読解する、これが今問題にしている反省である。では、「可能性」とは具体的には何を指すのか。ナベールは、「個別的な諸作用の結果として自我に帰せられる責任」と「それらすべての作用の背後にある原因性に関わる責任」とを区別する際、後者が関わる作用として、「様々の思い」、「夢想」、「ひそやかな意気阻喪」、「感じられないほどの意志の歪み」を列挙し、「やりかけられたが頓挫した可能性」をそれらと並置している(EM68)。この文脈から察するに、「可能性」とは、ふと思い浮かんだが実行には至らなかった行為と解することができる。もしくはより一般的に、可能性として漠然と思い描いた事柄を指示するのだろう。カントが挙げている不純さの例に沿うなら、「管財人に財産の存在を知られなければ……」、「このまま預かり物の請求がなければ……」という考えが「可能性」である。ただし、「可能性」を思い浮かべはしたが実行しなければ不純ではなく、「罪の感情」も生じないのかと言うと、そうではない。「純粋な原因性はある種の可能性を拒絶する必要がない、というだけでは十分ではない。これらの可能性は意識の閾を越えることすらない」(EM75)。「可能性」は思い描かれただけで反省の対象となり、不純な原因性を確信させる十分な材料となるのである。意識の原因性が純粋であれば、その人の意識に「可能性」は浮かびすらしないからである。

合理性概念の限界

「一事が万事」とも言うべき、感情の対象のこうした無際限な拡大に対しては、道徳的潔癖症との批判が向けられるかもしれない。あるいは、非合理的だとの反論があるかもしれない。しかし、合理的に考えても払拭しきれないのが「罪の感情」の特徴である。正しい知識と合理的な思考がこの感情を解消するわけではない。したがって、非合理的と指摘したところで、「罪の感情」について考察する意義はいささかも失われることはない。いや、それ以前に、何を以って非合理的と規定するのか、その根拠を明らかにする必要がある。上のように反論する人は、合理的な感情の存在を認めているはずで、するとそうした感情と「罪の感情」を区別する基準が問われてくる[93]。ナベールはそうした合理性の想定を「感情は、それが最初に結びついていた条件や状況が変化した後にまで残存することはできないし、すべきではないという公準 postulat」(EM92) だと分析する。つまり、「過ちの感情」のように、義務を客観的な参照軸とし、かつ、特定の行為を対象としその個別対象を超えて拡散しないこと、対象となる行為が視野から去ればそれに伴って消滅すること、それが感情の公準であり、合理的な感情であるための条件だというわけである。だが、その公準それ自体が検証を要するのではないか。上の公準が当てはまらない感情は実在するのであり、この事実をまずは受け止めるべきである。そうした感情に非合理的とのラベルを貼り付けてもなんら解決にはつながらない。われわれの道徳的経験にとってこの感情が持つ意味を深く掘り下げていくのが筋である。それは同時に、合理性概念を限界付けることにもなる。ナベール自身、「罪の感情」を過去の遺物と見なす立場、つまり原始的な社会構造において機能していた、強力だが非合理的な権威への畏怖の残存と見なす立場、を批判し、「罪の感情」がそれらの社会構造と結びついていたのは偶然に過ぎず、「命令、宗教、神話と必然的関係を持たない、感情の内在的意味」を考察すべきだと主張する。

3　合理的な認識能力としての感情

すでに明らかなように、「罪の感情」は個別の行為にとどまらず自己の存在全体を対象とする点に特徴がある。その特異性は一般的な感情概念との対比においていっそう際立っている。

哲学の歴史において、一貫して感情は理性の洞察を曇らせる撹乱要因として規定されてきた。これは周知の事実である。しかし、他方で、一部の哲学者は感情を有益な認識能力と評価していた。たとえば、デカルトは、『情念論』において、感情（情念 passion）を「精神と身体との密接な協同のために混乱した知覚の一種」[94]としながらも、次のように述べている。「感覚を動かす対象は、それらの多様な異なる性質のすべてに対応して、多様な異なる情念を引き起こすのではなく、ただ、それらの対象がわれわれを害したり利したりする多様な異なる仕方に対応して、言い換えれば、一般にそれらの対象がわれわれにとって重要である様々な仕方に対応して、引き起こす」[95]。これに続けて、人間にとって有益であると「自然」が示してくれる事柄を、「精神が目指し、かつ目指す意志を持ち続ける」ことが、情念の効用であると説明される。つまり、感情は、知覚のように対象の物理的性質の正確な識別ではなく、当該対象が自己の生存にとって有利か不利かを見分けるその識別を担う認識能力だというわけである。このように感情を有益な認識能力だと見なすのは、過去の一部の哲学者だけではない。現代の心理学者や脳神経学者は、実験や観察に基づいて感情の機能を実証的に示し、感情が人間の合理的な行動に不可欠であると主張している[96]。彼らによれば、感情を盲目的で無規律な動物的本能と断定する見方は著しく妥当性を欠いている。感情の機能についてのこうした説明は、真実の一面を確実に捉えていると思われる。彼らの枠組みを採用するなら、ナベールが言及する悪に関わる諸々の道徳的感情は、自分と他者のいずれにとっても不利益となる事柄の認識様態と解釈できよう。

しかし、合理的で有益な認識能力という規定を適用できるのは「過ちの感情」であって、「正当化できないものの感情」や「罪の感情」ではない。われわれはここで、「罪の感情」と「過ちの感情」の区分に従って、「感情」という言葉で名指されている事柄を二つに区別する必要がある。

感情が一種の認識能力たりうるのは、それが、様々な状況や事態が自分の生存にとって有利か不利かを見分けるという働きをなす限りにおいてである。そして、その識別は、同じ種の生き物の間では客観性を有するだろう。ここで注意したいのは、合理的な認識能力としての感情は対象認識だという点である。つまり、いかなる状況であれ事態であれ、ともかく自己と独立な対象の価値を評価する働きだということである。「過ちの感情」は、先述したとおり、個別の行為を対象とし、その行為が義務に反していることの理解に由来する感情であった。当該行為が自分のなした行為であるとの自覚は当然伴いつつ、しかし、それが誰の行為であろうと許されない、客観的に見て不適切である、と行為を客体化した理解が前面に出る、それが「過ちの感情」である。そして、こうした行為それ自体の客観的評価に加え、当該行為に対して行為者が負うべき責任の範囲の客観的確定をも含意する対象認識であるがゆえに、「過ちの感情」は合理的感情と特徴付けられる。例えば、友人に軽い気持ちで皮肉を言ったところ、友人が思いのほか傷ついてしまい、状況を客観的に考え直してみて自分の発言が軽率だったと気づく。このとき、友人の立場と自己の発言から構成される状況の認識に基づいてわれわれが抱く感情が「過ちの感情」である。

自己自身についての感情

他方、「罪の感情」は客観性を志向する対象認識ではない。「意識の原因性」を対象とする自己認識である。自己認識だというのは、「意識の原因性」は状況や事態とは異なり、自己と独立な対象ではないからである。したがって、「罪の感情」は個別の行為を超えた、行為の原因たる自己自身のあり方についての感情なのである。先に述べたとおり、「罪の感情」は、個別の諸決断を通してのみ出現する自我の意識の不純な原因性を対象としており、「存在の総体 totalité de l'être」について問いかける感情なのである。それゆえ、それは、外的対象がもたらす利益もしくは不利益についての客観的評価という機能は果たしえず、ただ自己自身の存在に対して湧き起こり、他人の目には時として非合理と映るのである。

以上の事実を踏まえるなら、ナベールが提示する自己自身に対する道徳的感情は、志向的認識ではなく、触発と表現した方が適確だろう。この点では、われわれはノーランと同じ意見である。彼はこう語る。「これらの感情［道徳的感情］は、何より、受動性によって特徴付けられる。道徳的経験は自我に向けられる触発 affection をもって開始し、その［触発の］『他者性 étrangeté』、あるいは、その起源も意味も分からないがゆえの『不可思議な』性質のために日常生活の流れを断ち切る触発をもって開始する」[97]。「過ちの感情」のような、状況や事態の客観的評価として機能する感情は、状況を正確に理解すれば必然的に生じる感情だと想定されているから、当該状況に関してその感情を抱くことが妥当と見なされる。そしてこの見方は、状況の正確な理解への要請と同時に、その状況に応じた適切な感情を抱くことの要請を含意している。これとは反対に、「罪の感情」や「正当化できないものの感情」は、状況を自己の存在から切り離してその利害を客観的に見極めようとするときに生じる感情ではないし、またそのように働く感情でもない。意志による制御を受け付けないところにその特徴がある。言い換えれば、この種の感情は、認識能力では決してなく、何かに触発されて起こる受動的な意識状態なのである。状況に対応した適切な感情を抱くべきだ、少なくともその感情を抱いているかのように振る舞うべきだ、という内面化された要請に応じるために状況の客観的把握に努め、そうして半ば意図的に抱くことになる感情とは違い、いかなる要請も存在せず、また、そのような感情を抱くことになる理由もわからないにもかかわらず、行為の反省に触発されて開始する意識状態、それが「罪の感情」である[98]。

4　ミシェル・アンリの自己感情

一種の認識能力と目された感情（過ちの感情）から、自己の存在全体に関わる、触発される意識状態としての感情（罪の感情）を区別してみた。ナベールの道徳理論が後者の感情に重点を置いていることは明らかである。だとすれば、この種の感情についての緻密な分析が当然期待されるのだが、ナベール自身は、認識能力としての感情との対比で浮き彫りとなる「罪の感情」や「正当化できないものの感情」の特性に関しては踏み込んだ考察を行っていない。次節で述べるように、「自己自身との不等性」という感情の内部構造については論及してはいるものの、自己の存在全体に関わり、受動性の経験であるという特質に関しては、その重要性を十分把握していないためか、主題的に論じていない。そこで、この論点を補説するために、ナベールとは全く異なる思想的系譜に属する哲学者ではあるが、ミシェル・アンリを参照してみたい[99]。

アンリは主著『顕現の本質』の中で、「超越」に彩られた西洋哲学史を、「内在」の概念を導きの糸として批判的に捉えなおし、その「内在」の具体的現われとして「情感性 affectivité」を規定する。そして、「感情 sentiment」はその「情感性」を本質とするのだと説明している[101]。アンリは、まず、哲学史において支配的な感情概念、すなわち、感情は経験の素材であり、したがって「偶然的で変わりやすく非合理的」と断定する見方を、検討に値しない「ばかげた見解」[101]と切り捨てる。さらに、情感性を思考の一形式に還元するデカルト主義と、情感性の志向性を発見したと称する「現代哲学」――おそらくは現象学を念頭に置いているのだろう――の誤りも指摘する[102]。そうして、「感情は本性上、他の何ものかについての感情ではない」[103]と、感情の志向性を明確に否定するのである。感情は対象把握のための認識能力ではないというわけである。

では、「他の何ものか」についての感情ではないとしたら、感情とは何について感じることなのか。アンリによれば、情感性とは「自己感情 sentiment de soi」、すなわち自己についての感情である。「感情の本質、情感性そのものの本質をなしているのは、まさしく、自ら自分自身を感じることだ」[104]。『何ものか』が、自ら自己自身を感じ、自己自身を感じ取り、自己によって触発されることによって構成されているようなもの、それこそが〈自己 Soi〉の存在であり、〈自己〉の可能性である」[105]。われわれは先に「罪の感情」を自己自身の存在全体に関わる特殊な感情として描出した。けれども、アンリは、感情の本質とはそもそも自己自身を感じることだと言うのである。「自己感情であるということは、……自分自身の実在性を内容として持つということを意味している。これこそがまさに、自分自身の形式が情感性によって構成されている限りでの形式、すなわち自己感情なのだ」[106]。ここでアンリは喜びや悲しみといった特殊感情を個別的に論じているのではない。デカルトの『情念論』に典型的なそうした思考法は、結局、特殊感情と特定の状況との対応づけの確認に終始することになる。これとは違い、アンリは、「自己自身の実在性を内容として持つ」自己感情を、諸々の感情に共通の一般的形式として提示するのである。

ところで、「自己自身を内容として持つ」もしくは「自己自身を感じる」とは、具体的にいかなることなのか。この問いは次の二つの観点から考える必要がある。①感情の認識論的様相と存在論的様相の区別、②自己感情に内在する自己自身との関係性である。

①感情の認識論的様相と存在論的様相の区別

ある事態もしくは状況に直面したとき、人が抱く感情は様々である。感情を対象把握的な認識能力と見なす立場からすれば、この事実から、感情はあやふやで客観性を欠く認識能力であることが帰結する。けれども、アンリは、その状況に直面して出現する自己のあり方それ自体が感情であると理解していると思われる。つまり、怒りであれ、喜びであれ、悲しみであれ、ともかく何らかの感情で満たされた存在として自己がある、というその存在論的事態を、自己感情と呼んでいるのである。このように感情を理解するとき、感情が対象の性質を正確に捉えているかどうかは、もはや問題ではない。というのも、感情は「触発」され、「被る」ものであり、「意志することや努力によって開かれる場において生まれ成長し現れ出ることができない」[107]からだ。仮に特定の状況にふさわしい客観的評価とそれに伴う感情があるとして、また、善き行動への動機付けとなるような感情があるとして、自己感情は、人がそのような感情を抱こうと努力し意図するところから芽生えてくるものではない。状況に直面して自分が全面的にそうあってしまう状態、それが感情なのである。

②自己感情に内在する自己自身との関係性

アンリは、以上のような自己感情の存在論的様相の指摘に加えて、キルケゴールの絶望概念に依拠しながら、自己感情が含意する自己自身との関係性にも言及する。「自我は自分自身で自己への関係を立てたのでも、また自ら自分自身を定立したのでもない限りにおいて、自我はこの自己への関係である。……存在の自己に対する本源的な存在論的受動性の内に、その被ることの内に、自我の苦悩が存している。この存在論的受動性を乗り越えることができないという不可能性の内に、自我を自我自身に結び付けている絆を、つまり自己への関係を当の自我が断ち切ることができず、自ら苦悩を免れることができないという不可能性の内に、自我の絶望が存している」[108]。ここでは、絶望が「存在論的受動性」、すなわち自我が苦境に投げ込まれていて、その境遇から自分自身を切り離そうとしてもできないという事態に存すると説明されているが、同じことは「罪の感情」にも当てはまるだろう。自我が自己自身に分かちがたく結び付けられているとは、思うに、自分自身の現在の人となりや境遇を偶然的なものと見なしそこから解き放たれた自由な存在として自分自身を規定することができない、という意味であり、それは、「罪の感情」のケースに置きなおしてみると、実行された行為と自己の存在との分離不可能性として現れるのではないか。つまり、自分がなした行為を自分の存在から切り離し、自分は本当ならそのような行為をしでかす人間ではないと自己正当化する態度が不可能であり[109]、それゆえ、自我は一つの行為をきっかけとして必然的に自己の存在全体を審問するに至る。こうした「罪の感情」の実相を、アンリの言う「存在論的受動性」はよく表わしている。

ナベールのアプローチとの相違点

われわれは今や、アンリの緻密な論考を支えとして、感情の存在論的様相と自己自身との関係性について確信を得た。ただ、ナベールとアンリの間での、感情へのアプローチの仕方の違い、着眼点の違いにも触れておくべきだろう。

両者の間には反省をめぐる齟齬がある。アンリは感情それ自体を反省によっては分析できないと断言する。「情感性は反省的分析によって明らかにされるような条件、つまりある論理的な条件という意味で、感じることの条件であるわけではない」[110]。「感情の消滅に責任を負うべきは、反省ならびに意識が取りうる反省的な生の様態である」[111]。また、アンリによれば、感情が表明することは思考から根本的に独立しており、「感情は、思考に対して思考が当の感情へと向き直ることを期待してはいないし、思考からいかなる応答をも期待していない」112のである。その理由は、感情は、それに注意を向け主題化すれば必ず変質してしまうからである。われわれは、感情の本質の理解を試みるとき、感情のありのまま、つまり、触発され被る限りでの感情を捉えようとする。ところが、感情は、反省のまなざしを向けられ思考の対象とされるやいなや、性質を変え、ありのままの姿ではなくなるのである。例えば、自分が感じている激しい怒りを反省によって言語化しようとすれば、もともと反省の対象と想定されていたありのままの怒りは雲散霧消する、あるいは少なくとも変質してしまう。冷静かつ分析的に怒りと向き合おうとするその態度が、すでに、もとの目指されていた怒りが消え去ってしまったことを如実に示している。もちろん、アンリも、反省によって感情の一面が明確になる事実を否定しないだろう。けれども、彼に言わせれば、その側面は感情の本質、すなわち哲学史に対する全面的な批判の基軸となる「存在論的受動性」とは別物だということになるのだろう。

5　自己自身との不等性

では、感情探究の方法論として反省を掲げるナベールは感情のどの側面に注目しているのだろうか。彼は、アンリと同様に「存在論的受動性」を感情の本質として認めつつ、しかし、反省的分析が明らかにする感情の内部構造にも着目し論及している。アンリの立場からすれば矛盾をきたしているようにも見えるであろうこうした立場は、一つには、ナベールが志向性の問題に注意を払っていないことに由来する。つまり、反省のまなざしを向けることが感情を変質させるという複雑な事情を考慮しないままに、反省的分析を方法論に据え、それが描き出す限りでの内部構造を感情の本質的側面と位置づけているのである。この点に関しては、ナベール哲学の限界が露呈していると言っていいだろう。ただ、ナベールに好意的に解釈すれば、反省の有効性への信頼は、彼が「罪の感情」や「正当化できないものの感情」など、道徳的感情のみを念頭に置いていることの帰結と見ることもできる。つまり、こういうことである。道徳的感情は、第二部でも言及した「自己の自己自身との不等性」、いわば〈あるべき自己〉と〈現実の自己〉の不一致、を内部構造として持つのだが、道徳的感情に特有のこの不等性についての自覚は反省によって深められていく。ナベールはそのように考え、そこで彼は、感情の「存在論的受動性」を指摘しながらも、それと相容れないはずの反省的分析が明らかにする道徳的感情の内部構造、つまり「自己の自己自身との不等性」を主題的に論じることになった、と。

しかし、ナベールの議論の運びを右のように斟酌するなら、まず、不等性についての詳細な説明が、次いで、「存在論的受動性」の反省による変質という事実を脇に押しやってまで反省的分析の重要性を説くその理由の明示が求められることになろう。

否定概念——一方の不在と相即的な他方の肯定

〈あるべき自己〉と〈現実の自己〉との乖離という図式は、道徳的感情の説明としてわかりやすいが、それだけでは十分ではない。さらに踏み込んで〈あるべき自己〉の存在論的身分を問わねばならない。ナベールの不等性概念が特徴的なのは、この〈あるべき自己〉を実体化しない点である。多くの道徳理論は、〈あるべき自己〉に義務、道徳法則、超自我などを当てはめ、それとの隔たりによって悪を規定する。しかし、ナベールは、独特の否定概念に依拠して、〈あるべき自己〉を実体化することなく件の乖離を語るのである。

この否定概念は、『倫理学要綱』の価値を主題とした一節にその原型を見ることができる。ナベールはこの箇所で、まず、勇敢—臆病、純粋—不純、寛大—けち、といった価値的性質の対立が、上位概念内部では解消されてしまうような相対的関係ではないと主張する。そして、それらの対立は「解消しようのない矛盾を背景として際立つ」(EE78)、「ある価値とその反対物との対立は矛盾という地の上でしか存在し得ない」(EE81)との見解を示す。このように、対立する価値的性質が、互いに絶対相容れず、類概念において統合されることもない、そんな矛盾の関係にあることを指摘した上で、ナベールは、一方の性質の不在は反対の性質の現前である、と論を進めるのである。彼は言う。「否定は同時に、主体には無いとみなされた価値の肯定でもある」(EE80-81)。つまり、私がある人物に関して、その人がうそつきだと非難するときには、必ず、その人が正直でありうるし、またそうあるべきだということを肯定している、というわけである[113]。

一方の不在と相即的な他方の肯定というこの独特の否定概念の真意を見定めるには、認識論と価値論という議論領域の違いはあるものの、ベルクソンが無の観念を批判する文脈で展開したユニークな考察が参考になる。彼は、秩序とは無秩序にかぶさってそれを克服するものではなく、そもそも無秩序など存在しないと主張する。詩を読みたいと思っているときにでたらめに手に取った書物が詩ではなかったとき、われわれは「詩ではない」と述べるかもしれないが、だからといって詩の不在を知覚しているわけではない。散文という別の秩序を目撃しているのである。つまり、詩と散文という二つの秩序のうち、前者の不在と見なされる状況であってもそこには一冊の書物が確かに実在し、その書物についてわれわれは別の秩序である散文の秩序を知覚しているわけである。このように二つの秩序のうち一方の不在は他方の現前となっている。ところが、現前しているほうの秩序は現在のわれわれにとってはどうでもよく、不在の秩序にしか関心がないため、上述の例では、散文の現前を、目下の関心の対象である詩の不在として言い表してしまう。ベルクソンの表現に従えば、「無秩序は二種の秩序を含み、両者が結合してできたもの」であり、「精神が自分の関心のない秩序にぶつかったときの幻想」[114]なのである。彼のこの議論の眼目は無秩序の観念の批判にあるので、秩序の不在は実は別の秩序の現前であるという論点が前景化している。だが、これは見方を変えれば、期待に反する秩序の現前に、期待していた不在の秩序が重なり合うという事態、すなわち、一方の不在と相即的な他方の肯定という否定（矛盾）概念を示しているとも解釈できる。

「自己の自己自身に対する不等性」は、ナベール自身とベルクソンによる以上の議論が共通に示唆する否定概念を基本前提としている。「罪の感情」に内在する不等性の構造においては、〈あるべき自己〉が実体としてまず認定され、そこからの隔たりの計測によって〈現実の自己〉が評価されるのではなく、〈あるべき自己〉を確定する以前に、他でもありうるという想定を背景に〈現実の自己〉がまず否定されるのである。省みるに、ナベールの道徳思想において「正当化できないもの」という否定概念が根源的地位を与えられているのは、彼が悪の本質を否定の作用に見出しているからなのだろう。また、第一章の冒頭で「正当化できないもの」の解説と問題提起を兼ねて引用した「悪、あってはならぬことについての最も激しい感情は、所定のあるべきことの観念に先行する」という一文も、今や、「あってはならない」という否定が「あるべきこと」（義務）の認定（肯定）に先行するという事態を述べたものと受け取ることができよう。こうして、道徳的悪とは何か、という本章全体を貫通する問いについての考察は、否定概念に支えられた不等性という構造に行き着いたわけである[115]。

6　理由の精緻化としての反省

次に、ナベールが道徳的感情の考察において反省を方法論として重視するその理由について述べてみよう。アンリは情感性、すなわち感情の個別化に先立つ根源的な受動性を探究し、「存在論的受動性」に到達した。ところが、ナベールは、感情の受動性に重要な意味を見出しながらも、そこを結論とはせず、ある思いつきもしくは現実の行動、出来事により触発された「罪の感情」や「正当化できないものの感情」についての反省がわれわれの意識にどのような変化をもたらすか、それを主題化する。感情の根源的次元ではなく、個別の感情の反省が実存の内に引き起こす変化を問題にするわけである。

では、その変化とは何か。それは、われわれの解釈では、不等性の理解の深化である。そして、その深化を進めるという役割のうちに反省の存在意義がある。具体的に言えば、反省は、〈現実の自己〉と〈あるべき自己〉の不一致という道徳的感情の一般的な内部構造を指摘するのみならず、個別状況に応じて、何が罪であり、何が正当化できないのか、それを確定していく作業をも負っているのである。ナベールは言う。「意識が最終的に気づくもの、それは、悪を反省的に経験することを可能にする精神の作用である」（EM158）。「悪の本性は、われわれに悪だと断言させるその理由に含意されているというのは本当だ。……無限に深まっていく理由の諸水準は、意識の領域において、水準に応じて現れる悪の新たな諸形式、新たな諸側面であり、意識の作用とそれら諸作用の反省的反復の新たな諸形式であり、新たな諸側面である」（EM159）。「罪の感情」や「正当化できないものの感情」は触発され被るものであり、その感情経験の始まりは純粋に受動的である（ただし、「罪の感情」が、ふと思い浮かんだ「可能性」を介した「意識の原因性」の反省によって発生し変容していく場合は、純粋に受動的な始まりを持つとは言えない）。けれども、道徳的悪の経験は感情の出現によって完結するのではなく、「多様な経験を通じてはじめてきちんと承認される」（EM160）。換言すれば、具体的行動や反省によって引き継がれ、深められていくのである。そして、その深化は、様々な行動や状況を悪だと見なす理由の精緻化という形で進行する。ここで言う理由の精緻化とは、たとえば、人々に苦しみをもたらす戦争や貧困をその責任者の特定が可能であるか否かに関わりなく許せないと感じる事実、また、自己欺瞞を犯したり他者との対話を拒絶したりする自己のありようを罪だと感じる事実を、道徳的判断の理由として定着させていくプロセスのことである。

このプロセスは反省の努力なしには進展しない。「正当化できないものの感情」は戦争などの出来事もしくは貧困などの社会的不公正――一言でいえば「災い」――によって喚起され、他方、「罪の感情」は自己の行為もしくは「意識の原因性」の不純さという自己の内面性によって喚起されるという違いはあるが、前述の通り、ともに妥当／妥当でないという判別基準を超えた感情である。多くの人は、それらの感情を、道徳判断の客観的な根拠とはなりえない、個人の一時的な憤慨として習慣的に処理するだろう。思わず「許せない」「罪だ」と感じてしまったが、そのような感情は非合理的だ、と。そして、その感情を抱いたという事実に何ら意味を見出しはしないだろう。だが、そのような習慣的な処理を思いとどまり、「許せない」「罪だ」という感情が触発された事実を真摯に受け止め、その事実の意味を真剣に検討すること、それこそが反省の働きである。もちろん、反省の結果、感情の生起を単なる気まぐれだったと結論付けるかもしれない。しかし他方で、感情を抱くこと自体を肯定するという形で事実を捉えなおす可能性もある。つまり、感情の受動性を認めつつも、それとは別に、感情を抱くことの正当性を改めて承認し、その上で、感情を様々の事柄を道徳的に判断する際の理由として採用する、その可能性である。われわれは感情を理由として採用するに至るこのプロセスを反省による理由の精緻化と規定する。感情は一過的・即自的なものである限りは理由たりえない。だが、「戦争は不可避だ」、「これくらいの裏切りは誰でもやっている」といった口実に惑わされず、反省を経て「正当化できないものの感情」もしくは「罪の感情」を抱くことを正しいと改めて是認するに至るとき、感情は確固たる理由となる。

さらに、このとき、「自己の自己自身に対する不等性」も変容することになるだろう。反省以前の不等性は不安感を伴う意識の分裂である。人は突如として現れる感情にどのように対処すればよいのかわからず混乱している。しかし、反省を介して感情がひとたび是認されるなら、道徳的判断を行う自己の立脚点は〈あるべき自己〉に固定でき、将来に向けての安定した指針を得ることになる。感情がその存在を示唆する〈あるべき自己〉の方から〈現実の自己〉を評価するという姿勢が定まるのである。

反省による道徳判断の根拠付けには独断の危険性が必然的に伴う。独断でないことの保証は、反省の結果が他者と共有できるかにかかっている。そこで、次章では、他者との関係性がナベールによってどのように論じられているかを検証する。

第3章　他者との交流

1　感情に依拠した道徳論の位置づけ

感情が義務に先行するということの意味、より厳密には、道徳的悪は義務からの違反ではなく「正当化できないものの感情」や「罪の感情」に根拠を持つということの意味、そして、それらの感情が有する性質、これらを検討してきた。その結果、ナベールの道徳哲学の独自性が、道徳における感情の位置づけ・性格づけに存することが明らかになった。しかし、そうすると、感情に依拠して道徳的悪を規定するナベールの思想は、メタ倫理学で言うところの「主観主義」の立場に与することになりはしないか。つまり、感情を抱くことそれ自体は個人の内面で生じるのであるから、それを道徳性の根拠と見なすなら、善・悪、正・不正は、結局のところ、個人の主観的な見解に過ぎない、という「主観主義」の考え方に、ナベール自身もコミットすることになるのではないか。そうした疑問が浮上する。

もちろん、主観主義に依拠して事実の一側面を説得力ある仕方で説明することは可能であり、だからこそ、主観主義を支持する倫理学者も多数いる。したがって、ナベールが主観主義に位置づけられること自体は、彼にとって何ら不名誉ではない。そもそもナベールは、一貫して道徳の主観的経験を主題的に論じていた。普遍的に妥当する道徳法則の演繹を試みる超越論的議論には絶えず懐疑的なまなざしを向けつつ、所定の「あるべきこと」つまり義務に対する自我の態度を問題としていた。そして、その文脈で、我有化や反省といった意識の作用に着目していた。つまり、彼は、道徳上の客観的価値を否定しそれに代えて主観的要素を前面に押し出したというよりは、最初から主観的要素にしぼって考察を進めていたのである。中でも、個人が反省によって感情の意味を深めていくことが、道徳的経験の最も重要な局面だということ、これが前章で明らかになった。

　だが、ナベールは、道徳を個人の主観に収斂させて問題の全面解決を図っているのではない。感情に基づくものであれ、あるいは感情をきっかけとして精緻化された理由に基づくものであれ、ともかく道徳的判断に関して他者との共通了解に至る道筋を描こうとしているのである。とりわけ、否定的経験としての孤独を解決した箇所で言及した、他者との関係性をめぐるナベールの議論が、主体間の共通了解の問題を考える上でヒントになると思われる。そこで、本章では、彼が相互主観性への道をどのように切り開いていくのかを検討する。

2　情緒主義との相違点

　他者との関係性を考慮する点で、ナベールの道徳哲学は主観主義と区別されると示唆したが、実は、主観主義と総称される諸学説の間にも様々な見解が存在し、中には、感情によって道徳性を根拠付けながらも、他者との関係性に実質的な意義を認める学説もある。そこで、ナベールの議論の特徴を際立たせるために、そうした学説の一形態である情緒主義と比較し、相違点を確認しておこう。

単純な主観主義

一般に、主観主義とは、客観的な価値の存在を否定し、道徳に関する意見を感情に還元する立場である[116]。つまり、主観主義は、客観的な価値の直接の証拠となる自然的事実が見出せない以上、そのような価値は存在しないと推論せざるを得ず、したがって、あらゆる道徳判断は個人の感情の現われでしかありえない、と主張するのである。ある人が動物実験は道徳的に間違っていると本心から発言するなら、彼がそう感じていること自体は正しい。そして、それ以外の意味では道徳判断の正しさは存在しないというわけである。ところが、仮に主観主義のこの主張が正しいとすると、一切の道徳的不一致は生じないということになる。というのも、個々人は自分の偽らざる感情を率直に表出するならそこには道徳判断上の誤りはなく、それゆえ意見の衝突は起こるはずがないからである。倫理的見地から動物実験に賛成の人も反対の人も、意見を異にする相手が感情のありのままを言葉に表していることさえわかれば、それで互いの道徳判断の正しさを確認したことになり、それ以上議論を続ける必要も意味も見出せなくなる。主観主義者はそう考える。確かに、われわれは対話の相手、状況、テーマ次第ではこうした態度を取るかもしれない。言い争っても無駄だ、と。だが他方で、われわれは実際に、ある行為や制度の倫理的是非をめぐって意見を戦わせる。その場合、相手が本心を述べていることの確認だけで納得するなどということはありえない。相手の言い分が誤っていること、そして自分の判断が正しいことを認めさせようと奮闘するだろう。同意を得ようと奮闘するというまさにその事実が、単純な主観主義は現実の適切な説明原理たりえていないこと、すなわち、道徳判断の真偽は感情の報告の正確さのみに依存しないということを実証しているのである。

情緒主義

さて、こうした難点を克服するために考案された、改良版主観主義とでも呼ぶべき学説が情緒主義である。情緒主義とは、一言でいえば、道徳判断を態度や感情の「表明」と見なす考え方である。この学説は、道徳言語の使用法に注目し、例えば、「動物実験はよくない」という発言を、当人の態度の単なる報告や記述ではなく、動物実験に否定的な態度を表明することでそれを止めさせようとする振る舞いと解釈する。そうして、道徳的判断を表す道徳言語を、人々に影響を与えるための手段と規定するのである。すると、こうした「報告」から「表明」への転換により、現実世界で常に生じている道徳的不一致を理論に取り込むことが可能となる。というのは、異なる態度を「表明」する者同士は、現状をめぐる議論において衝突することになるからである。情緒主義によれば、「動物実験はよくない」という道徳判断は、動物実験に対する否定的態度もしくは感情を「表明」し、そのように態度表明することで人々を動物実験の廃止へと動かそうと意図する言語行為であり、それゆえ、彼は、肯定的態度を「表明」することで人々を実験の存続・拡充へと促す論者とは、現状についての道徳判断において相容れないのである。動物実験に好意的な者はその態度を「表明」し、動物実験に実効的な制約がなく医学の発展の妨げとならない現状を道徳的に正しいと判断するが、実験に対して否定的な感情を抱きそのように態度表明する者にとっては、目の前の論敵を含めて多くの人々が自分の目指す方向に動いていないがゆえに、動物実験そのものとそれをめぐる現状を道徳的に間違っていると判断する。こうして、情緒主義は、道徳的不一致を「態度における in attitude 不一致」として把握し直す。そしてそれと同時に、この学説は、道徳性を個人的な感情の内部に限定することなく、他者との関係性において道徳性を規定する方途を獲得するのである。

なるほど、情緒主義は、単純な主観主義に比べて洗練されており、われわれが自分の態度を対話の相手に受け入れさせ、自分の願望に沿うように相手を動かそうとするその現実をうまく説明している。しかし、われわれが下す道徳的判断——厳密にはその判断の発言や記述——は、自分の望みどおりに他者が思考し行動することだけを目的とするものではない。他者の操作が道徳判断の唯一の目的であり、道徳上の共通了解はその操作の成否のみに依存するというものではない。もしそうだとしたら、極論すれば、脅迫、扇動、プロパガンダによって思い通りに相手を動かすことさえも、道徳的価値の共有と見なされてしまう。この結論はわれわれの実感から大きく隔たっている。そう考えると、やはり、道徳判断を人々に影響を与えるために態度・感情を「表明」することと規定する情緒主義も問題点をはらんでいると思われる。

　ここで、メタ倫理学の多くの論者が、道徳的評価における理由の重要性を指摘したり、格率の普遍化可能性を探究したりする方向へ舵を切る。しかし、われわれは、他者との発話的交流に着目するという情緒主義の方針を引き継ぎつつ、しかし、あからさまな動かし・動かされるという関係とは別の関係性に光を当てることにしたい。というのは、ナベールは、普遍化可能な格率ないし道徳的価値、あるいは普遍化の手続きそのものを論じるのではなく、他者との交流を道徳上の共通了解にとってもっとも肝要なものとして考察しており、彼の道徳思想の独創性と有効性はその議論に存すると考えられるからである。彼が解明の対象とする他者との交流は、他者の操作には程遠く、第二部の否定的経験としての孤独に言及した箇所で見たような、呼びかけと応答の対人関係を基礎とする。さらに、情緒主義と異なる点として、他者の受容という側面を強調し、その受容について様々な観点から思索をめぐらせていることが挙げられる。ただ、注意すべきは、他者との交流に関する彼の議論は、確かに、道徳的感情、あるいはそれをきっかけとして精緻化される理由をいかにして他者と共有するに至るかという問題に接続するが、しかしその際の手続きやルールといった非人格的要素の整備に傾注するのでは決してなく、そうした要素に先行しそれを支える、人間同士の具体的な生《なま》の関わり合い、まさに「汝と我」と表現するのがふさわしい、そんな対人関係を考察している、ということである。

３　他者との交流の基盤としての一体性

　すでに見たとおり、ナベールの道徳思想の特徴は、義務や道徳法則に対する感情の先行性、根源性を主張するところにある。だが、道徳感情の分析だけでは超越の概念を排除してしまう。ノーランのこの指摘[117]は正しい。ここで言う超越とは、自我が道徳的価値観の共有を目指して他者へと超え出ていくことを意味する。超越の欠落という難点を十分自覚しているナベールは、非人格的要素の設定によって共通了解の地盤を確保するのではなく、他者との直の交流を超越の実相と見なし、その考察に取り組むのである。その意味では、彼は、道徳的価値観の客観性ではなく相互主体性を論じていると言える。

では他者との交流とは具体的にはいかなるコミュニケーション形態を指すのか、と、このように性急で表面的な論の進め方をナベールはとらない。もちろん、どういう交流なのかを問うことは大切だが、それ以前に、彼は、主体間の交流を可能とするその条件を問題とするのである[118]。そして、それを「諸意識の一体性 l'unité des consciences」と規定する。すなわち、われわれは他者と共に常にすでに一体性の内にあり、その中で交流を行っているというのである。さらに、彼の記述によれば、この一体性は、そこに亀裂が生じたときに初めてその存在に気づかされるという特性を持つ。道徳哲学全般が、普遍妥当的な道徳法則の発見や価値観の共有に至るプロセスの説明を理論の最終目標にして最大の難題と見なすその前提には、不可視の内面を有するばらばらの諸個人がまずいて、彼らが、何らかの媒介によって共同性に到達するという順序概念があるだろう。ところが、ナベールは、意識に物体ないし数のカテゴリーを適用することへの疑問を表明した上で、この順序を逆転させようと試みる。普通、われわれは人と同じ数だけの意識があると信じている。それは言い換えれば、個々人の意識を、身体による区別、つまり外的事物のカテゴリーに基づいた区別を基準として区別しているということに他ならない。ナベールは、このように素朴に意識の区別と身体の区別を同一視することに対して疑問を投げかける。いわく、分離した外部世界をモデルとして交流を考えていると、「お互いにはっきり区別された中心の多数性」、「他からは独立した主観性の生」といった発想が出現し、こうして「客体のカテゴリーが、ある種、[諸意識の]交流をより困難にするための後退もしくは防御の感情を助けている」(EE180)。そして、数的区別と相容れない、意識に固有の共同的存在様態の実在を彼は指摘するのだが、その存在様態として彼が提示するのが、「諸意識の一体性」なのである。

一体性とは、「諸意識の交流に先行して存在する具体的全体性」(EE170)であり、そこにはもとより個人の不可視の内面は存在しない。一体性においては、ある意識は他なる意識と独特の呼応的相互性によって結ばれており、各意識は、「自らが応答したり反応を探ったりするその相手となる他者によってのみ、自らに固有の原因性もしくは自らの内面性に接近しうる」のであり、「この関係から自由に身を引いたり関わらせたりできる主体として自己を考えたり想定したりできない」(EE171)。自分は他者の呼びかけに当然応じるし、他者は自分の呼びかけに応じるはず。他者の想いは尋ねればわかり、自分の想いも伝わるはず。こうした確信が交流の成立地盤をなしているというわけである。ところが、数的カテゴリーを適用した意識の区別に支えられて不可視の内面性という概念が出現し、そこに倫理的問題が発生する余地が生じる。「自我は、自由に隠したり露わにしたりできる内的生 vie intérieure の秘密というような考えをでっち上げる。沈黙、告白、嘘というような行為をめぐって構成される実存の諸可能性は、自己意識の歴史にとって決定的に重要な局面である。交流から生じるこれらの諸可能性は、交流よりずっと先から存在しているかのようである。こうして、倫理とは、これらの諸可能性と、それらのうちの一つを選ぶ意識の作用との関係になる」(EE172)。他人からは見通せないはずの自己の内面という考えとともに、嘘をつくことの可能性が自覚され、そうして、嘘をつくべきかつかざるべきかという選択が、個人に倫理的問いとして課せられることになるのである。

一体性の意義を整理してみよう。他者との交流には、わかりあえるはずだという確信が不可欠である。その確信は、他者と共通了解に到達しうるはずだ、お互いの考え方や価値観が、即座には同意できなくても理解はできるはずだ、という認識論的信念に加えて、他者は自分の呼びかけに真摯に応答してくれるはずだ、自分も同様に他者の呼びかけに応じて当然だ、という倫理的な信念も含意するだろう。こうした確信がコミュニケーション全般をもっとも根本的なところで支えていることは疑いない。そして、一体性とはその確信が純粋な形で保持されている諸意識の関係性を表した概念だと思われる。この点はよい。また、私秘的な内面という観念と相互了解への確信の綻びが同時的に発生し、このとき嘘が行動上の選択肢として浮上するという説明に関しても、異論はない。分からないのは、具体的にいかなる事柄を念頭において理解すればいいのか、という点である。意識の自他未分離な状態という性質に特に注目すれば、乳児と母親の関係が思い浮かぶ。あるいは全く別の観点から、同質な成員からなる理念的共同体のありようを言い換えた概念もしくは「普遍的意識」（EE176）のようなものとも受け取れよう。しかし、一方は余りに特殊であり、他方は極端に抽象的であり、いずれもナベールの思索が及びうる射程を狭く限定してしまう解釈である。

反照的構造

そこで、われわれは、ナベールの記述に忠実で、かつ具体な事例に対する説明力を最大にするような解釈をとる。先に、一体性が破れるとき、嘘、沈黙、告白が実存の可能性として出現すると述べられていた。さらに、ナベールによれば、「われわれは、一体性を裏切るような行為によってのみ一体性に気づくことができる」（EM123）。ここから、一体性は破綻して初めてその存在が理想として自覚されるという反照的構造を持つことがわかる。具体的な状況に引き付けて考えれば、一体性とは、たとえば、互いが完全に信頼している家族における人間関係のようなものではないか。その一体性は、普段は自覚されず、嘘をつくということが重大な選択において可能な行動として意識されるとき初めて、つまり、一体性に亀裂が生じるとき初めて、自分たちは一体性のうちにあったのだと、事後的反照的に理解されるのである。小さな、取るに足りない嘘はいくつもついてきただろうが、それらは一体性の破綻には至らない。けれども、家族の一人が不治の病にかかり、その事実を本人には告げずにおくか否かの選択を迫られるとき、意識の分断の事実と失われた一体性の存在が痛切に感じられることになる。各人が腹蔵なく自分の想いを語り、悩みを打ち明け、率直な感想を述べ合う、そんな関係性が家族内のコミュニケーションを支えていたこと、それが極めて貴重なものであったこと、そして今、それが失われてしまったことを実感するのである。あるいは、自分の願望を実現するために、互いに信頼し合い忌憚なく意見を言い合う間柄にある友人を出し抜くことが選択肢として意識されるような場合もまた、その友人との一体性が、やはり事後的反照的に、失われてしまったものとして理解されるだろう。このように、一体性とは、失われた理想郷として常に事後的に確認される、互いの内面の透明性を信じて交流する人間の具体的な関係性、と解するのが妥当である(ただし、一体性の破綻に直面しないことは必ずしも倫理的優越ではなく、単なる幸運に過ぎないこともあるし、また、迷った末、真実を話したとしても、いったん失われた一体性が以前と何一つ変わることなく回復されるわけではない)。

4　他者との関係が自己自身との関係に転化する

交流を根本的なところで支え、そうして交流を成立させる地盤が一体性であり、その存在は、意識の分断に際して、いわば喪失した理想郷として気づかれることを見てきた。ところで、そうした分断は、やむをえない事情の有無に関わらず、ともかく自分自身が倫理的に重要な選択をする立場にある場合に限定されないだろう。具体的に言えば、他人の嘘が発覚することで自己とその他人との間に分断が生じ、一体性が失われたと実感する場合もある、ということである。このケースについて検討してみよう。

このとき、自己と他者の間には、二重の意味で分断が生起している。第一に、一体性の破綻、つまり、交流を支えたいたはずの地盤が決裂してしまった、という意味。第二に、嘘や裏切りなどにより決裂のきっかけを作った他者は、無垢な人間ではなく、自分とは異なるタイプの人間となってしまった、という意味である。では、ひとたび分断が生じたらその状態が固定するのかといえば、そうではない。ナベールは言う。「交流は、分離の経験を引き起こすことで、その願望［一体性への願望］を失望させると同時にかき立てもする」（EE172）。つまり、交流の過程で失われた一体性を、われわれは何とかして回復しようとするのである。

では、回復はいかにして果たされるのか。二度と嘘をつかないことの宣誓などほとんど何の役にも立たないだろう。先述したように、そもそも、いったん亀裂が入った一体性を原状回復することは不可能である。表面だけ取り繕ってもとの一体性を取り戻したかのように偽装することは、ナベールの考えでは、一体性の回復ではない。そこで、彼は、嘘をつかれた自我が、分断のきっかけをもたらした他者へと歩み寄るという方向で回復を構想する。その回復のあり方は、図式的に、無垢ではなくなった他者と自我との間に出現した隔たりの、自己自身との間の隔たりへの転化とでも表現できよう。要するに、前出の自己自身との不等性へと、他者との不等性を転換することである。この論点についてのナベールの見解は、『悪についての試論』における悪人の存在をめぐる考察に見ることができる。他人がなした行動を道徳法則に照らしてその人を善人か悪人に分類するとき、人は「自分の真なる存在についての無知」（EM96）の中にあるのだと彼は主張する。その背景には、道徳的評価は個別の行動ではなく「意識の原因性」に基づくべきだとする道徳観がある。「意識の原因性」にまで踏み込み、「罪の感情」に関連して言及した「可能性」、すなわち、ふと思い浮かんだが実行には至らなかった行為も考慮に入れるなら、実際に行動に及んだか否かはそれなりに重要な違いではあるけれども、「意識の原因性」という点においては、自己と悪人との間に決定的な違いはないことに気づくはずだ。ナベールはそう語る。「悪人の行為は、彼に、彼が無視していた、あるいは無視している振りをしていた原因性を指摘する。その結果、悪人は、次のことを改めて知る。すなわち、行為の以前に自分はこうだと思っていたものとは別のものに実際になること、そして他方で、この作用は、悪の行為をなしたことのない人に自己自身を振り返るように促し、その自己反省は、悪人がなしてしまったことを自分がなさなかったのは、カントの言うように、偶然の賜物に過ぎないということ、そしてこの意味では、自分は悪人より価値があるわけではないということである」（EM102-103）。

それが自分に向けられたものでなくても、他人の嘘や裏切りを目撃すれば、突如、その人の内面が理解を超えたものとして現れ、交流がいったん途絶える。だが同時に、その人の行為が、私に自分自身の内面、つまり「意識の原因性」を反省するように促し、自分にも同じ仕方で行動する素因があるのではないかとの疑念を誘発するのである。つまり、無垢だと信じていた自分の内部に悪人の要素を見出すわけである。こうして、一体性の破綻に際して、最初は、悪人という〈あちら側の人間〉に位置づけられた他者と〈こちら側の人間〉である自己との間に出現した隔たりが、自己の「意識の原因性」の内的な検証を通して、〈あるべき自己〉と〈現実の自己〉との隔たりとして、換言すれば、自己自身との不等性として出現するに至るのである。

ノーランは以上のような転化の内実を次のように記述している。「《われわれ》は《私》に対して優越する。というのは、この根源的な相互性［《われわれ》に固有の一体性］が不十分であったり失敗であったりすることによって、意識は孤独や対自的実存に目覚めるからである。反省と、それが創設する自己意識は、何よりも、他者の遮断から生じる、他者との関係の内面化である」[119]。一体性という理想郷に住まい続けることは不可能なのである。というのは、自分が嘘や裏切りを実際には犯さなくても、他人がそれらの行為をなせば必然的に、一体性の破綻、他者との分断が起こるからである。そして、いったん他者との分断に直面すれば、自我は「意識の原因性」への反省を余儀なくされ、悪をなした他者と自己との隔たりを自己内部に発見する、すなわち、自己自身との不等性を自覚させられるのである。これがノーランの言う、他者との断絶による「他者との関係の内面化」であり、彼が強調しているように、「他者との関係の内面化」は、自己意識の創設の端緒でもある。この点については、前節でナベール自身の言葉を引用して説明したように、自我は、他者との呼応関係を介してのみ自己の原因性に接近しうる、というのが、彼の揺るがない持論であるが、ここで新たに明らかとなったのは、自己の内面に接近する契機をなす呼応関係が、一体性に破調をきたすことのない円滑なコミュニケーションではなく、むしろ逆に、相手との隔たりを実感させる嘘や裏切りを含意するという事実である。友人の嘘や裏切りに失望し、透明であると信じていた友人の内面に靄がかかり、失われたものとして一体性が事後的に発見される、交流のこの体験が、自己理解を深めるきっかけとなるのである。

不純さの自覚

「他者との関係の内面化」の道徳生活上の意義を考えるとき、逆説的だが、一体性の破綻をきっかけとして反省を行い、結果として自己の原因性の不純さに気づかされる、という態度こそ道徳性と呼ぶにふさわしいと思われる。「彼は間違ったことをした。ところで、自分はどうだろう？」と問いを発するよう触発される意識は道徳的鋭敏さないし繊細さを示しており、その問いに促されて反省を実行する意志の強さこそ真の意味での自律と言えるのではないか。「罪の感情」が、個別の行為をきっかけとして自己の存在全体を問い直すという方向性を備えていたのと同様、「他者との関係の内面化」は、一体性の分断をもたらす他者の行動を自己のあり方についての問いへとつなげるその方向性を、ナベールは、道徳性の原理と捉えていると考えられる。ノーランの次の記述もこの解釈を裏付けてくれよう。「どんな意識も根源的に他者と関係付けられている。……その関係が道徳法則に属するのは、その他者との関係が意識の自己との関係に含意されている限りでのことである。この意識が自己と結ぶ関係こそが、道徳的経験全体を根拠付けている」[120]。道徳法則をしっかり弁え、その法則に照らして他者の行動をそのつど妥当／不当、善／悪と厳密に分別し、不当ないし悪に該当する行為を避けようとする心構え、それのみが道徳的態度なのではない。他者の道徳に反した行動を自分とは無縁な出来事と突き放すのではなく、自分との関係において捉える、言い換えれば、自分の内面を自分の代わりに他者が現出させた行動として受け止める態度こそが、ナベールが提案する道徳的善の定義に該当するだろう。

この提案は道徳哲学にとって極めて重大な意味を持つはずである。なぜなら、対象を悪だと見なす道徳判断に本質的な要素として内在する相互主体性を指摘したものだからである。実際、改めて考えてみれば、他者の行動を道徳的に問違っているとする判断が、「他者との関係の内面化」を含意する場合と、そうした内面化をいっさい含まない場合の間には質的な差異があることがわかる。「他者との関係の内面化」を道徳性の核心に据えており、したがって前者の場合を後者の場合に比べてより道徳的だと見なすナベールの——そしてわれわれの——評価には異論があるかもしれないが、少なくとも、両者の違いは見落とされる傾向にあること、しかし重要な違いであること、このことは認めてもらえるだろう。さらに、「他者との関係の内面化」への着目は、「中立的な観察者」をめぐる議論にも新たな視点を提供するはずである。アダム・スミスによって、道徳的評価の客観性を確保するために提起されたこの概念に関しては、普遍化可能性の手続きを発案・検証する文脈の中で様々に語られてきた[121]。そこでは、好み、願望、理念など具体的な〈私〉を構成する要素を次々剥ぎ取っていくことで中立的観察者の立場に身を置くという方法論が示されるのだが、道徳や法に反してなされた行為を評価する際に、それは本当に裁かれる者が納得のいくやり方なのだろうか。真に相手の身になってみるとは、実は、他者との関係を内面化することではないのか。もちろん、内面化は必ずしも過ちの正当化や赦しを帰結しない。両者は別個の事柄である。ただ、中立的観点から評価することの意義を省みたとき、それは一つには、道徳的に評価される者が——とりわけ裁かれる者が——納得することを目的としていると思われる。だとすれば、〈私〉を構成する要素をそぎ落とすという手続きを踏むだけでは、その目的は達せられないだろう。評価する立場にある者は、道徳的な仕方で評価を下そうとするなら、抽象的な第三者の視点を固持するだけでなく、評価される者との関係の内面化を試みる必要がある。

5　再び、他者へ

一体性の破綻と意識の分断が生じた場合、それに続いて自我が「他者との関係の内面化」を果たしたとして、その後の交流はどうなるのか。「他人は信じられない、そして自分も同様に不純だ」と自覚した自我は自閉に陥り、交流は途絶してしまうのか。第二部における孤独に関する議論から推察されるように、ナベールは、交流の再開こそがあるべき人間関係だと考える。孤独は、新たな形での交流の再開の準備に他ならない。もちろん、現実には、ノーランが明確に区別したように、①内面性に閉じこもり、他者に対して秘密をひたすら隠し、他者と抗争的関係に入る場合と、②自己を脱しようとし、他者に心を開き、理解し、愛そうとする場合の、二つのケースがあるだろう[122]。ナベールの見解では、個々人が一体性の破綻と意識の分断をきっかけとしてポジティブな変化を遂げるケース、換言すれば、新たな交流の再開が自己理解と他者理解を深めるケースは後者である。ナベールの道徳思想において、善概念は、ここで言うポジティブな変化ないし自己理解の深化を促進するものとして定義することができよう。

では、一体性を再構築し、新たな形で交流を再開するためには何が必要なのか。ノーランは、自我と他者の差異を消去して普遍性の次元へ上昇するプロセスを強調するが、われわれは逆に、人格間の差異を受け入れる態度に、一体性の再構築、交流の再開の条件を見て取る。誤解してはいけない、垣間見られた他者の「意識の原因性」が自分の内にも発見されるからと言って、他者と自己の同一性が確立されるわけではない。事実はむしろ逆であって、自己自身との不等性の概念が示唆していた、〈あるべき自己〉との合致の原理的不可能性は、他者と自己との間にも存続するのである。われわれのこうした理解は、ナベールによる次の記述を拠り所にしている。「自分の身を守ろうと閉鎖的な性格を有する自律がどれほど人格を貧しくする恐れがあるか、ということは、意識が次のように振舞うとき、すぐさま気づくことである。すなわち、他なる意識に向けて自己を開き、そこから始まる相互性の運動によって豊かになりつつ、自己の信念の価値を受動的に甘受するのではなく、自己の信念が対立する異質な諸信念と向き合うべきだと認めるつもりでいるときである」(EE181)(ここでの「他なる意識」が、嘘や裏切りを行って一体性に亀裂を入れることになった相手のみならず、道徳上の価値観や感情において相容れない相手——たとえば、「正当化できないものの感情」を共有してくれない相手——の意識も含むことは明らかである）。前後の文脈と併せて解釈し、議論を展開してみよう。ここでナベールが念頭に置いている自律とは、理性だけに依拠して自らの選択を律するという意味での自律であり、そうした自律は、自我と他者の間に存在する個別的差異を、偶然的で取るに足りないもの、いわば普遍的理性からの誤差と位置づけ、捨象してしまう。したがって、この意味で自律的な人物は、自分と異質な他者と、その差異において向き合おうとはしないだろう。自分が抱いている道徳上の価値観や感情と他者のそれらとの差異は、いずれ解消されるべきものとして度外視するだろう。けれども、それでは、一体性の再構築も、新たな形での交流の再開も、一切なされていないことになる。一体性の破綻をもたらした他者にせよ、価値観や感情を共有してくれない他者にせよ、それらの他者との差異をそのまま受け入れ、それに向き合ってこそ、一体性は再構築され、交流が新たな形で再開するのである。ノーランは、対人関係を、普遍的法則に基づく「理性的相互性」と、交流の再開を可能にする「人格的相互性」を区別しているが、この分類は有効である。というのも、人と人の結びつきの態様が多様であるのは疑いないからだ。そして、ノーランが正当に指摘しているように、一体性の再構築と交流の再開をもたらすのは、「人格的相互性」である。彼は、この相互性を、「二つの自由の出会いによってのみ生じる」と規定しているが、相手を自分と同じ自由の水準にあると認めるとは、自他の差異を認めるということに他ならない。

ナベールは、実のところ、交流の最終目的を共通了解の達成に求めているわけではない。敢えて目的を指摘するとしたら、他者から自己へ、そして再び異質な他者へ、という往復運動を経ることによる自己理解の深化と、次第に際立ってくる他者との差異を受容しつつの交流の再開である。自己理解の深まりと対話の継続、これこそが倫理の根拠をなすものなのである。

結論

本書では、各部の表題にあるとおり、ジャン・ナベールの哲学に見られる自由の内的経験、反省と自己の変容、感情と倫理について順に解説してきた。最後にそれらの内容を、本論部では言及しなかった視点も補いながら、わかりやすくまとめておこう。

第一部

アメリカの哲学者ジョン・サールは、自由意志の問題を出現させる三つのギャップを指摘している。①「行為の理由に対する自覚」と「その行為を遂行する決断」との間のギャップ、②「決断」と「行為そのものが実際に開始されること」との間のギャップ、③「行為の開始」と「行為の持続による完遂」との間のギャップである。①は、ある行為をなすことは意味がある、重要である、すなわち行為をなす理由がある、とわかっていても、自分がその行為をなそうと決心するとは限らないという事実。②は、なそうと決心したが実行に移すとは限らないという事実。③は、実行に移したが、所期の目標の達成に至るまで行為を継続するとは限らないという事実を指す[124]。これらのギャップを合理的に説明する理論が存在しないために、哲学者は自由意志という概念を持ち出してギャップを埋めようとし、結果、難解な哲学的問題が出現するという次第である。実に簡にして要を得た指摘である。サールのこの図式と照らし合わせながら、ナベールの自由論の内容と意義を整理しておこう。

サールは自由な行為のプロセスの冒頭に「行為の理由に対する自覚」を想定しているが、そもそも行為の理由について自覚的になるためには、私は生の流れをいったん止めて自らが置かれた状況を客観視した上で、「どうしたらいいか」と問うことが前提となる。そのような問いに引き続いて、私は複数の選択肢を構想し、そこで初めて行為のいくつかの理由を自覚するに至る。われわれはこの問いかけを発意と呼び、ナベールの言う「始まりをなす作用 acte initial」と重ね合わせて理解してきた。そして、「どうしたらいいか」という問いかけの内的経験を、これもナベールの言う「自由意志の感情」によって肉付けした。

次に「行為を遂行する決断」であるが、これは容易に察せられるように、「我有化」に該当する。我有化は、特定の価値ないし目標に、他ならぬ自分自身が実現すべきものとして同意を与える意識の作用である。自然環境の保護は客観性を有する価値であるが、他ならぬ私自身がそれを実現しなければならないと実感しない限り、つまり我有化しない限り、私はその価値に基づいて決断を下すことはない。

では、①のギャップをナベールならどのように説明するだろうか。「行為の理由の自覚」と「行為を遂行する決断」の間は語りえぬ空虚で満たされているのではなく、そこでは熟慮の過程が進行している。これが彼の考えである。単に自覚しただけの理由は、私を決断へと導く理由ではありえない。決断を導く理由になるためには、理由は鍛え上げられ、私を確信させるものへと変貌を遂げる必要がある（可能な選択肢の間を揺れ動く「自由意志の感情」は、私が理由の自覚のレベルに留まっているときに抱く感情である）。その理由の変容の過程を、ナベールは熟慮あるいは動機の練り上げと表現した。熟慮が、決断である我有化の働く素地を醸成していくのである。

②についてはどうか。決断はしたが実行に移らないということは日常生活で頻繁に経験する。この決断と実行のギャップについて、ナベールは極めて多くの内容を語る。彼は、実行を伴わなければ真正の決断とは呼べない、つまり真性の決断は下されていないと見なす、という基本的立場をとる。ただし、決断と実行の結びつき方に多様性を認める。決断即実行という結びつきだけが、決断の真正性を保証するわけではない（もちろん、即座に実行しなければならない場面もある。だが、ナベールはそのような状況を例外と見なしているように思われる）。決断と実行を隔てる時間はどれほど長くても構わない。また、実行はどのような形でも構わない。約束や誓いはもちろん、実際にやりかけて中座したとしても、それも実行の一形態である。実行のあり方のこうした多様性は、「逆戻り」や「中断をはさんでの実行」といった実例を引き合いに出して説明されていた。ここから、ナベールの自由論では、③の行為の開始と完遂のギャップと②のギャップは同一の枠組みで捉えられていることがわかるだろう。

さて、ナベールが、実行を重視しどのような形であれ実行を伴わなければ真の決断すなわち我有化が果たされたと見なさないのは、実行することで行為の理由が新たな局面を示すからである。人は一般に、行為の理由は実行以前に確定していると考える。だが、ナベールは、実行したという事実が理由を変化させると言う。正確には、実行の事実が理由に対する確信や責任感を引き起こし、私の理由への態度を変化させるのである。それはすなわち、我有化が実行を待って初めて成し遂げられることを意味する。熟慮が動機を修正の余地がないくらいに完璧に練り上げ、そうして完成した動機を我有化した後に、私は実行に移るのではない。私は暫定的な動機を暫定的に我有化して実行に及ぶ。すると、実行したという事実が動機を確信に満ちたものへと変え、そうして動機の我有化はより強固になるわけである。

三つのギャップに対するナベールの以上の見解、とりわけ決断と実行のギャップについての見解は、次のような反論を招くかもしれない。「サールは、決断後の実行待ちの時点を想定し、その空白地帯に自由意志の概念の発生源があると指摘しているが、ナベールは、実行を前提し、実行後の時点からギャップについて語っているのではないか。だとすると、ナベールはサールの問題に正面から答えていないことになるのではないか」。この反論は正しい。確かに、ナベールは実行後の時点に身を置いて議論を展開している。だが、そのことは、彼が問題の本質を捉え損なっていることを示すものではない。彼は、そのような視点を取ることでしか自由の内的経験を適切に捉えられないと考えている。本論で繰り返し述べたように、ナベールによれば、自由の内的経験のプロセスを進行させるのは意識の作用である。発意も我有化もともに意識の作用である。したがって、ギャップの向こう側の各々、すなわち決断、実行、完遂、への移行は、すべて意識の作用の発動として説明される。すると当然、意識の作用の発動を差配する根源的な主観性、いわば究極原因が問われるだろう。カントなら「自由の原因性」と呼ぶであろうこの主観性を、ナベールは「意識の原因性」と規定し、一方それを直接的に経験することは不可能だと主張する。「意識の原因性」は、決断や行動、作品など、作用がもたらした具体的諸成果を媒介として、一種の「記号」として「読解」することによってのみ、理解することができる。それゆえ、決断にせよ実行にせよ、ともかく意識の作用が発動し、具体的成果が現実化した後の視点から「意識の原因性」について、自由の内的経験について語らざるをえないのである。

第二部

ギャップは実は空白地帯ではない。われわれが理由の自覚から決断へ、決断から実行へ踏み切るのは何らかの原因が働いてのことである。そしてその原因は意識に内在している。「意識の原因性」の概念に依拠してこのように主張するナベールは、サールとは異なり、自由な決定の中に恣意性ではなく、必然性を見て取ろうとしている。決断、実行、行為の持続による完遂は恣意的な決定の結果ではなく、それが私の本当に望むことだから私はそれを行ったのだ。彼はそのように考える。

『自由の内的経験』で根源的な主観性を「意識の原因性」に求めたナベールは、その後の著作において道徳哲学のテーマへと歩を進める。図式的に言えば、『倫理学要綱』では人間の善を、『悪についての試論』では人間の悪を主題化している。本書においては、前者を第二部で、後者を第三部で扱った。

人間に固有の価値実現への願望、すなわち、より善い行動をなすこと、より優れた作品・製品を作ることを願い実現を試みる人間の根本的な願望を、ナベールは『倫理学要綱』で「存在への願望」と名づけた。彼はこの「存在への願望」と「意識の原因性」との関係を明示していないが、われわれは両者の関係を次のように解釈した。人間は本質的に「存在」（単に「ある」という意味ではなく、「本来的な存在」、「あるべきこと」を意味する）を目指しその実現を企てるものである。したがって、人間の自由な選択あるいは行動は、大局的に見れば、「存在への願望」の現実化に他ならない。「意識の原因性」は言うなれば個人の意思決定の原理であるが、それが普遍的に含意する価値実現へのモメントという側面を強調した概念が「存在への願望」である。

さて、意識の原因性も「存在への願望」も、われわれはそれ自体を直接的に経験することはない。先ほども述べたように、意識の作用の結果を「読解」することによってのみ明らかになる。ナベールはこの「読解」に当たる意識の働きを反省と規定する。ここで言う反省は、ナベールが、メーヌ・ド・ビランの反省概念に着想を得、それを哲学上の主題ならびに方法論にまで発展させた認識様態である。本書では、この反省が、客体を介しての自己理解と経験の意義の事後的分析という性質の異なる二側面からなる点に注意を促してきた。前者はビランの概念を引き継いだもので、行動とそれがもたらす世界の変化をそのつど自分の意志の発現と捉える意識の作用である。他方、後者は、かつての自分の行動を振り返りその意義を吟味する意識の作用である。

これら二つの側面に共通する反省の機能は、「存在」からのずれの自覚である。つまり、反省は単なる知覚ないし想起ではなく価値評価の働きを備えているのである。この点が、客体を介しての自己理解を自己意識 self-awareness から区別し、体験の意義の事後的分析を回顧から区別する。ずれの自覚とは、例えば、自己理解としての反省に関しては、想いが自分の発した言葉・書いた文章にうまく表現されていないという感覚であり、事後的分析としての反省に関しては、過ち、失敗、他者との断絶などのネガティブな経験について「自分はなぜあんなことをしてしまったのだろう、他にもやり様・言い様はあったのではないか」と問うことである。こうしたずれの自覚がもたらすのは、あるべき自己からの隔たりにおいて現実の自己を直視し、しかしそれと同時に、あるべき自己の輪郭を描き直して「存在への願望」を賦活する、そんな自己理解である。

反省、とりわけ体験の意義の事後的分析がもたらす自己理解は、自己の変容を促す要因となる。この点でも、反省は単なる回顧と大きく異なっている。本書では反省のもたらす効果を、「自由への信」の形成、行為の理由の変化、道徳的人格の陶冶の三形態に分けて論じた。

ナベールは、一個人がなす諸行動を統合し全体化するカテゴリーを人格と規定し、その人格は、特定の価値観――たとえば勇敢さ――に沿った行動を積み重ねることで変化していく、具体的には、自分を勇敢な人間として理解するに至る、と説明する。ただし、行動の積み重ねが自己理解の形式としての人格を変容させるには、反省と「自由への信」という二つの要素の関与が不可欠である。自我は、反省によって過去の経験の意義を吟味し、それに基づいて、今後自分は勇敢に行動しうるという信念を獲得するのである。

第二部の議論を踏まえて初めて、ナベールが想定している自由のレベルがはっきりと姿を現すのではないか。サールは、先に引用した箇所で、自由な行為の例として投票行動を挙げていた。ある候補者に投票する理由を自覚し、投票を決断し、投票所で実際にその候補者に投票する。これは一般に、「投票行動」という表現で人が生の流れから切り出すひとまとまりのプロセスである。自由行為を論じる際、こうしたプロセスを単位とすることは正統かつ妥当である。本書の第一部でも、この個別行為のレベルで自由の内的経験について考察していた。しかし、体験の意義の事後的分析としての反省、ならびに「自由への信」の概念を議論に導入するや、事情は一変する。行為がいったん成し遂げられた後でその行為が自分の生全体にとって持つ意味について問うという営みや、行為の反復が自己認識を変え行動様式をも変えていくという事態をも視野に収めたマクロレベルの議論へと展開していくのである。思案、決断、実行というプロセスを標準単位とする自由論は、自由を個々の行為における選択の問題として扱っている。これに対し、『倫理学要綱』までを含むナベールの自由論は、自由の問題を、単独の行為という枠を超えた文脈で捉え、自己理解、自己創造のレベルで考察するものなのである。

第三部

『倫理学要綱』に登場する「存在への願望」の概念は、『自由の内的経験』で根源的主観性として規定された「意識の原因性」が肯定的価値の実現を目指す本性を有することを示すものであった。ところが、第三の著作『悪についての試論』で、ナベールは、「意識の不純な原因性」という概念を提起し、カントの「根元悪」との対比を念頭に置きつつ、人間が本質的に悪をなす存在である可能性を示唆する。実行には移さないけれども、われわれの心には折に触れて様々な邪智奸計が浮かんでき、しかも意に反して湧いてくるのだから、直接働きかけることのできない意識の核心には悪への傾向があるはずだというわけである。

意識の内奥に巣食う不純さを根絶することは不可能である。根絶ではなく、悪に適切に対処することこそが重要なのである。そして、それがとりもなおさず道徳的な振る舞いなのである。すると対処の方法が問題となるが、ナベールは反省にそれを見出す。反省により悪の存在を知ることが悪への対処の第一歩となるというのである。

悪を中心に据えたナベールの道徳理論の特徴として、感情の重視も挙げることができる。カントは普遍的に妥当する道徳法則に従うことを善、背反することを悪と定義する。つまり、規範・法則を基準として道徳性を規定するのである。これに対し、ナベールは、感情が道徳性の基礎をなすのだと主張する。われわれは、行為を規範に照らし合わせて善悪を判別することに先行して、特定の行為に道徳的感情を抱くのであり、その感情が道徳的悪の存在を指し示すというわけである。ただし、ナベールの言う道徳的感情は、他人がなした行為あるいは自分の身の周りで生じた出来事に対する快不快の感情ではない。この点に注意すべきである。彼は、道徳の基礎をなす感情を「罪の感情」と「正当化できないものの感情」と呼ぶのだが、前者は「意識の不純な原因性」つまり自己の内部の悪に対する罪責感、他方、後者は、他者の行動や災いなど主に自己の外部の悪に対するある種の義憤を意味する。

反省はこの二種類の感情においてそれぞれ異なる役割を果たす。「罪の感情」に関しては、反省は感情に先立って働く。つまり、実現には至らなかったあれこれの企みを反省し、そのような企みから逃れられない自己存在に対して「罪の感情」を抱くのである。逆に、「正当化できないものの感情」では、反省は感情の後に、感情に対して働く。特定の行為や出来事に抱く「正当化できない」「許すことができない」という感情が妥当かどうかを吟味する作業、それが反省なのである。

「罪の感情」を引き起こす反省は、他者の行為をもきっかけとする。つまり、自分自身の内に邪な考えが浮かばなくとも、邪悪さが露わになった他者の行為を目撃すると、「私」は、かつて抱いた同様の邪悪な考えに思いをめぐらし、自らの「意識の原因性」がそうした邪悪さの不可視の源泉でありうることを改めて自覚するのである。轍を踏んでいる他人を見るときの「私」の苦い感情を想像すればよいだろう。他方、「正当化できないものの感情」は、自己の外部で生じた事柄に対して、あくまで外部にとどまり続ける対象として距離をとることを前提とした感情である。もし「私」がその事柄の「正当化できなさ」を自己の「意識の原因性」にも帰属しうる性質であると見なすなら、そのとき「私」が抱く感情は「正当化できないものの感情」ではなく「罪の感情」となる。

ところで、「罪の感情」と「正当化できないものの感情」は、それが表明されたとしても、せいぜい個人の内面の吐露でしかないのだろうか。そうではない。われわれは、これらの感情を介して他者とつながっていく通路、換言すれば、感情を媒介にして悪についての共通理解を可能とするような他者との関係性、を提示した。「私」がある事柄に対して「正当化できない」「許せない」と感じたとして、その感情を判断や行動の理由として採用することの妥当性を、「私」は他者とともに吟味することができる。つまり、当該の事柄をめぐる事情を勘案した上で、事柄への対応の中で感情が果たすべき役割については、議論を通じて他者と合意に達することは可能なのである。

注

1 P. Levert, JEAN NABERT Une philosophie de l'intériorité pure in *Archives de philosophie*, 1968, p.360

2 A.Clair, p.94

3 P. Levert, 前掲書 p.355-416 を参考にした。

4 Taylor, Charles : The ethics of authenticity, Harvard University Press, 1992（田中智彦訳『ほんものという倫理』、産業図書、五二ページ）

5 同書五三ページ。なお、論文 Self-interpreting animal では、「重要性 import」が主題的に論じられており、特定の物事に対して生じる感情にはこの「重要性」が内在しているとの見解が展開されている。Philosophical papers, Cambridge, 1985, p.49

6 What is human agency? in Philosophical papers, Cambridge, 1985, p.34

7 『ほんものという倫理』五七〜五八ページ

8 自己決定権に至上の価値を置くリバタリアニズムがその急先鋒となる。この立場からすれば、現代は理想社会に近づきつつあることになる。また、特定の政治哲学上の立場を離れても、テイラーの見解にはいくつかの疑問を向けることが可能である。人間は必ず特定の時代、文化、社会の中に生れ落ち、大部分の人はそこで成長するのだから、やはり誰もがその環境に固有の何らかの重要性の地平の上で生活している。この意味で、テイラーの共同体主義的見解は普遍性を持つ。

　しかし、「重要な事柄」が時代や文化によって異なる場合、その違いに対してテイラーはどういう態度をとるのだろうか。違いを無批判に容認するなら、彼が否定的に評価している一種の多元主義に彼自身が陥ることになる。他方、特定の時代・文化（たとえば古代ギリシアのポリス制あるいは現代アメリカの自由民主主義的文化）の卓越を主張するなら、見解の普遍性を放棄することになる。多元主義に陥らず、かつ普遍志向も放棄しないとなれば、各時代・文化によって異なる様々の「重要な事柄」を一つひとつ吟味しながら、それらの共通点を探るよりほかかないだろう。

9 さらに二点付け加えておきたい。第一点は、好みと「重要な事柄」の境界は流動的であること。現代社会では、ある人にとっては単なる好みとしか見えないものが、別の人にとってはアイデンティティに関わる「重要な事柄」として機能している。いわば、「重要な事柄」が多様化・細分化しているのである。したがって、テイラーとしては、あるべきアイデンティティという規範を想定し、それに基づいた好みと「重要な事柄」との弁別を行わなければ、多元主義に屈することになる。第二点は、ある人にとって何が「重要な事柄」であるかは、その人が生まれ育った時代、社会、文化が認定する価値観に限定されないこと。自分が身を置いているのとはまったく異質な時代・文化で通用している価値観を、多少のアレンジを加えた上で自ら選び取る、ということは十分可能だ。

10 この引用箇所では、acte を「行為」、action を「行動」と訳したが、文脈によって acte を「作用」と訳している。本論全体に関わる重要な事項なので、ここで改めてこの二つの用語とその訳語について解説しておきたい。

ナベールは acte という言葉を、日本語の行為より広い意味で使っている。行為の十全な定義は、行為者の意図、社会的文脈、結果としてもたらされる変化などの要素が絡んできて、非常に困難な問題だが、いずれにせよ、必ず身体運動を伴うということ、これは確かだろう。どのような行為も、発声する、書く、身振りで示す、歩く、持ち運ぶなどの基本的な身体運動をその構成要素として含む。ところが、ナベールは、acte de conscience あるいは acte volontaire という表現が典型的に示すように、身体運動を伴わない、決意のような意識の働きを表すときにも acte を用いるのである。この意味での acte を本論では「作用」と訳している。(acte volontaire は vouloir「意志作用」とほぼ同じ意味である。) こうした用法は、ナベールに限らず、たとえばベルクソンにも見られる。それ以前に、そもそもフランス語の acte は、日本語で言う行為と作用のそれぞれに該当する複数の意味を担っており、哲学者はそれらを厳密に区別するどころか、両義性に依拠したまま利用しているのであるわけである。筆者は、二つの意味を包括する視点が有害無益だとは思わない。身体運動となって現れない決意を主題化する文脈では、確かに両義的な acte の用法は有効だろう。というのも、日常生活では省みられることのない意識の働きが、一般的な意味での行為と連続的に語られることで、その理解が容易になるからだ。だが、実際の行為は、社会的文脈、身体運動、それがもたらす結果、などの要素により複合的に構成されている。したがって、その中の一要素にすぎない決意あるいは意図のみに焦点を当てることは、行為についての考察を偏った方向へ導くことになる。(デイヴィドソンが「内的出来事」という概念を導入したとき、同様の事態が生じた。意図を出来事の一種と規定することで、意図の人称性が捨象されてしまったのである。) acte の両義的な用法にはその危険性がある。以上のような事情から、本論では、文脈によって acte を「行為」と「作用」に訳し分けた。action もほぼ同様の仕方で使用されているが、一応 acte と区別するため、「行動」という訳語を当てた。なお、action は身体の運動を指すことが多い。

11 例えば、ネーゲルが『価値の分裂』という論文の中で提示した「自分自身の立てた計画や仕事への献身が持つ」価値である。Nagel, Thomas, Mortal questions, Cambridge University Press, 1979, p.130

12 この段落で筆者は、主体概念として、「私 je」、「自我 moi」、「意識」の三つを提示した。ナベールによるこれらの主体概念の使い分けについて、筆者の解釈を述べておきたい。

ナベールがこれらの概念の関係について言及したおそらく唯一の記述は、『倫理学要綱』に見出される。「不変項の役割を担う私 je と、私のおかげでそれ自身ついて思考され判断されるところの自我 moi との区別は、主体と客体の関係と同じ秩序であるどころか、判明な対自的感情を一切持つことないままに諸意識が相互の間に保持している対話が介入することによってのみ構成されうる。私 je の形式をとることで自己言及する意識は、他なる意識［他者の意識 l'autre conscience］が果たしていた役割を引き受ける。交流の中断は一種の空虚を作り出し、私と自我とのこの関係—自発的な交流において他なる自我 autre moi がやっていたように私が自我に問いかけ、相談し、修正するという関係—のうちに埋め合わせを探し求めることに失望をもたらす。他なる意識への応答を命じられた存在は、…自分自身との対話を創設することで、他なる意識からのこの呼びかけの条件を保持する」(EE170)。この記述は、「諸意識の交流の中の一者であることの経験」と題された章の冒頭部分に配されている。表題から推察されるように、この章は、自我の成立、相互主観性の成立における他者との交流 communication の意義を主題としており、引用箇所にもそれが反映されている。他者の問題は後で詳しく論じるとして、ここでは三つの主体概念の違いを明確にしておこう。

ナベールは、あらゆる著作で一貫して意識を主語に据えて語っている。つまり、彼にとってもっとも基本的な主体概念は意識なのである。他者 l'autre ではなく他なる意識という見慣れない表現が用いられているのも、そこに由来する。では、なぜ意識なのか。それよりもまず、意識をどう定義すればよいか。これは哲学上の難問の一つだが、ここでは作用であると同時に現われ―しかもそのつど変化していく現われ―の場であると定義しておこう。意識とは、思考し、判断し、企図し、知覚する作用であり、かつ、表象が現れる場でもある。ところで、作用と現われ、これはナベールが主体概念の位相として重要視するものである。それで、意識が主体概念の原型として常に主語の位置に来ることになる。

作用の重視―とりわけ意志の作用の重視―についてはこれまでの議論からすでに明らかであろう。他方、現われの重視については、『自由の内的経験』で、自由意志そのものあるいは自由そのものではなく、自由意志の感情と自由への信念 croyance à la liberté が主題的に論じられ、『悪についての試論』でもやはり、正当化できないものの概念規定ではなく、正当化できないものの感情の分析がテーマとなっていたことが実証している。これらの著作で、ナベールは、感情や信念といった現われに実在性の基準を求めるのであるが、これは、現われの経験が事柄の実在をめぐる哲学的議論の妥当性を決すると彼が考えているからだと思われる。

それでは、意識と私の主体概念としての違いはどこにあるのか。換言すれば、なぜ主語は意識であって、私ではいけないのか。上の引用箇所の「私の形式をとることで自己言及する意識」という記述から判断するに、ナベールは私を意識の特殊様態と規定しているようである。つまり、意識には私の形式をとらない様態も存在するわけである。しかし、意識とは常に私の意識であって、そうではない意識様態など想像できるだろうか。この問題は、自我の意味に解決のヒントがある。特定の意味を帯びた自我の概念が想定されていて、その自我を対象とする意識―より正確には自我を対象とする作用と自我の表象の現われ―が私（の意識）に相当するという位置関係にある。さて、ナベールがこの文脈で自我と言うとき、他者と切り離された個人の自我という含意を強調している。「判明な対自的感情を一切持つことないままに諸意識が相互の間に保持している対話」という記述から分かるように、ナベールによれば、複数の意識は、自他の区分をことさらに自覚しないままに交流するのであり、それらが互いに異なるものとして区別されるのは、諸意識としてではなく、個別の肉体、個別の来歴、個別の社会的立場などを備えた諸個人として、なのである。つまり、同じものを同じように知覚し、同じ事柄に対して同じような感情を抱く、そしてそのことを互いに理解している、そうした相互主観性の成立が意識に定位して語られていて、他方、自他の区分なく交流している諸意識の一体化が破られ（これは『悪についての試論』の第四章「諸意識の分断」で主題化されている）、他者とは異なる自己がことさらに自覚されるところに個人としての自我が出現する、というわけである。したがって、私の形式をとる意識とは、他者とは切り離された個人としての自我に「問いかけ、相談し、修正する」作用であり、かつ、そのような自我の表象の現われの場だということになる。

なお、本書では、主語にくる主体概念として、基本的には、「われわれ」、「個人」、「私」を用いる。意識を用いないのは、自他が未区分な相互主観性を重視しないからである。

（ここで扱った問題に関しては、松永澄夫「意識と我」（『テオリア』第二八巻、九州大学教養学部、一九八五、所収）を参照のこと。彼はそこで、近代哲学全般を相手取って意識概念と私概念の関係性を考察し、両者の本来の順序の転倒と「思い pensée」概念の狭小化を指摘する。その上で、感情や情感といった「思い」こそ「我の存在に実質を与える現われ」（八五ページ）であるという見解を提示している。この見解の吟味は、本書の趣旨から外れるのでここでは行わないが、松永氏のこの論文が、なぜ意識が主語なのかという素朴な疑問が、実は、意識概念と私概念の違いという大問題に連なっていることに気づかせてくれたこと、このことだけは申し添えておきたい。）

13 この意識の原因性は、叡知界から現象界へ働きかけによる新たな系列の開始というカントの自由概念を連想させるだろう。ナベールはその点を自覚してか、カントとの違いを説明している。「カントのように自由をあまりに高いところに置くと、あらゆる経験的条件を超越してしまうため具体的自我との接触が不可能になっている、そんな因果性に舞い戻る危険性がある」（EL50）。確かに、意識の原因性の概念は、カントの自由の原因性に比べて、可能な限り具体的経験に寄り添いつつ、〈始まり〉をなす作用を規定している点、具体的には、決断にいたるまでの心理的諸状態の展開を詳細に分析している点は評価できる。

14 この時点で、ナベールの立場は、両立可能論に属することが分かる。なぜなら、決断を下す作用のみならず、われわれが具体的に経験する自由意志の感情や我有化の実在を議論の前提に据え、そうでありながらしかし、自然的決定論を否定するわけではないからである。ただし、脳細胞の発火と心理状態がいかにして両立可能であるのかという問題はナベールの視野にない。この論点については膨大な論議がなされているが、ここでは脇におく。

15 Naulin, Paul, L'itineraire de la conscience : étude de la philosophie de Jean Nabert, Aubier, 1963 p.122

16 H. Bergson, cf. Essai sur les données immédiates de la conscience, PUF, 5e édition《Quadrige》, 1993, p.93

17 Op.cit. p.127, 139

18 Op.cit. p.129

19 Op.cit. p.165

20 Op.cit. p.128

21 Op.cit. p.175

22 P. Ricœur, Philosophie de la volonté Ⅰ Le volontaire et l'involontaire, Aubier, 1988, p.253

23 Op.cit.p.265

24 Op.cit.p.266

25 Bergson, Essai sur les données immédiates de la conscience, p.74

26 Op.cit,p.258

27 P. Ricœur, Le volontaire et l'involontaire, p.253

28 Op.cit,p.232

29 Op.cit,p.252

30 Op.cit,p.280

31 ギルバート・ライル『心の概念』、八七ページ。

32 『心の概念』、八九ページ。

33 ここで疑問なのは、決断や行動と作用の関係である。両者は截然と区別され、前者は発せられた言葉や身体運動などを伴いうるのに対し、後者は質料を伴わない純粋な力を意味するのだろうか。次の記述はこの解釈を支持するように見える。「われわれの決断が事実 un fait と作用という二重の様相のもとで現れるのは、決断が出来事になるちょうどその瞬間である。これから着手する探究は必ずやここでいう事実の条件を捉えることになり、意識の原因性はここでいう作用において透けて見える」(EI.105)。だが、注意すべきは、作用と決断は分離して捉えられておらず、前者は後者の一様相と規定されている点である。決断は事実(発せられた言葉、身体運動がもたらす変化)として現れると同時に、必ず作用としても現れるというのだから、決断と作用は独立に実在するものではない。

作用と決断の関係性は、意識の原因性においても問題となる。すなわち、何を結果と見なせばいいのか、という問題である。作用と決断を完全に同一視した上で結果と見なしてよいのか、それとも、作用を決断から切り離して扱い、両者のいずれか一方を結果と見るべきなのか。本論では、作用は決断の様相であるというナベールの規定に従って、作用としての側面を備えた決断や行動を意識の原因性における結果と位置づける。

34 Naulin, Paul, Le problème de Dieu dans la philosophie de Jean Nabert(1881-1960), p.13

35 Op.cit,p.14

36 ナベールからの影響に言及したこの「解釈について」という論文において、リクールは反省を次のように定義している。「反省とは、自己を振り返る作用であり、この作用によって、主体は、知的な明晰性と道徳的責任において、自我がその中で散逸し主体としての己を忘却している、その諸々の働きを再認識する」(P.Ricœur, Du texte à l'action, Seuil, 1986, p.25)

37 L'acte et le signe selon Jean Nabert in Les Etudes philosophiques, 1962, 3, p.339

38 P.Ricœur, De l'interprétation, essai sur Freud, Editions du Seuil, 1965, p.50。

39 この箇所でナベールは、第一種の反省を方法論として用いた第一人者としてカントを挙げている。ナベールは、無限ないし絶対者の、個別的で有限な意識への現われの発見という、第一種の反省の図式に、カントが想定する理性と個別意識の関係性を当てはめているわけである。なるほど、これはこれでもっともらしい説明ではある。だが、彼のこの解説は鵜呑みにはできない。というのも、カント自身が『純粋理性批判』で「反省 Überlegung, reflexio」を定義しているのだが、それによれば、反省とは、われわれが対象に関する概念を直接得ようとして考察するのではなく、「概念を得るための主観的条件を発見しようとして、まずその心構えをする状態」(A316)である。すなわち、所与の表象が感性と悟性のいずれに関係するのかを正しく規定しようとするその意識状態だというのである。本書の主旨に外れるので詳細な検討は控えるが、少なくとも、カントが反省と呼ぶ認識様態が、個別意識への普遍的理性の現前の発見を直接意味しないということだけは断言できる。

40 この箇所では、ビランの反省概念の詳しい説明は省略されているので、筆者が補足した。ビラン自身による反省の定義は以下の箇所に見られる。Maine de Biran, Œuvres, publiées sous la direction de F. Azouvi, t. IV, De l'aperception p.36, Œuvres, éd. par P. Tisserand, t. VIII-IX, Essai sur les fondements de la psychologie et sur ses rapports avec l'étude de la nature p.476

41 Naulin, p.63

42 Op.cit.p.66

43 Op.cit.p.72

44 Op.cit.p.73

45 Op.cit.p.75。ここで言う「自然的反省」は「日常的反省」と同義である。

46 Naulin, Paul, Le problème de Dieu dans la philosophie de Jean Nabert(1881-1960), p.15

47 以上の着想は、「意志の弱さ」をめぐる議論に新たな視点をもたらすものである。なぜなら、それらの議論は、動機の我有化—決断—行動の直結を意志的行動の典型と見なしており、意志作用に続いて即座に行動が起こらなければ、それは実行を伴わない意志作用として判断するからである。そこでは、中断や熟慮の入れ子構造は視野の外に置かれている。

49 Naulin, p.161-162

49 ナベールがどこまで自覚的なのか不明だが、「作用 acte」という語を用いるメリットがここにある。(デメリットについては後の責任を主題化する文脈で論じる。)この語は、反省のような純粋な心的働きと、身体運動とそれに伴う世界の変化、この両者を含意するからである。ただし、本書では、両者を区別することが重要だと考え、後者を「行動」ないし「行為」と呼び、他方、前者を「作用」と呼んで、両者を一貫して識別してきた。確かに、ナベール自身も、acte と action を使い分け、「作用」の方の意味を前面に出すときに acte を使用していると思われる。だが、通常のフランス語では acte は行為や行動も含意するため、文中でこの語を「作用」と「行動」のどちらの意味でとるべきか判然としない場合がある。しかも、文脈から判断して、どちらの意味も当てはまるケースが多いのである。(そのケースでは、引用文では作用と訳し、本文では行為ないし行動と表記している。)ナベールがそのことを見込んで acte を用いているのなら、目下問題となっている「作用の二重化」を論じる場面では有効だと言える。だが、一般的には、やはり、用語のレベルで違いを明確にするか、あるいは、一節を設けて acte の外延を定義すべきだと思われる。

50 こうした立場の一例として行為功利主義が挙げられよう。行為功利主義は、自由か否かではなく善悪を判別するための基準を提供する思想だが、他の倫理思想と比べたとき、行為者の内面や動機を一切問わずに単独の行為、しかもその結果だけを評価対象とする点で際立っている。

51 cf. Naulin, p.168, EL185

52 Naulin, p.180

53 Op.cit.p.167

54 Op.cit.p.169

55 バーナード・ウィリアムズは、信念のコンフリクトは正しい知識の獲得と共に消滅する、つまり、知識により必ず一方が誤りで他方が真だと判明しコンフリクトが完全に解消されるが、願望のコンフリクトにおいては、そうした真偽の二分法は成立せず、一方を拒絶することでコンフリクトが解消するわけではない、と論じる。そして、拒絶された願望は、決断において拒絶された対象とよく似た何物かに対するより一般的な願望として、再び現れる、と指摘している。仕事と訪問のどちらをとるかで迷っているという先ほどの例に即して言うなら、訪問に決めた場合、知人との会話の中で仕事のヒントが得られるかもしれない、だから訪問も仕事のうちだ、という期待の形で仕事の願望が出現する、ということだろう。ただし、ウィリアムズも、「拒絶された願望が［そのまま］決断の瞬間から先を生き延びることはない」と認めている。(Bernard Williams, Problems of the Self : philosophical papers, 1956-1972, Cambridge, 1976, p.170) われわれはいわば、採用された願望だけがそのまま生き残る仕組みを理解しようとしているわけである。

56 P. Ricœur, Le volontaire et l'involontaire, p.57

57 Ibid.

58 Ibid.

59 Ibid.

60 Ibid.

61 Op.cit. p.61

62 ここでいうずれの感覚は、『悪についての試論』で、「自己の自己自身に対する不等性」と定式化され、悪概念の本質と目される「正当化できないものの感情」を説明する原理となる。

63 Robert Franck, Les traits fondamentaux de la méthode de Jean Nabert in *Revue philosophique de Louvain*.63, 1965, p.102

64 Op.cit.p.105. 先に見たように、ナベールは、所与の行動や作品の拒絶が価値の源泉にあると述べていた。今、フランクが指摘しているのは、所与の価値観に固着することの拒絶である。個別の行動や作品と価値観は水準を異にするが、フランクはその違いには無頓着である。そこで、個別対象と価値観の相違を念頭に置きつつ、ここでは、所与のものの拒絶という共通点を重視する。

65 岩田文昭氏は、リクールに対するナベールの影響と、「シーニュ（記号）」概念の捉え方における両者間での差異をテーマとした論考の中で、「リクールによれば反省哲学は認識論を中心におくべきではなく、認識論をその一部とする包括的な倫理学でなければならない」と述べている。（『フランス・スピリチュアリスムの宗教哲学』二〇九ページ）。こうした反省哲学の倫理学的転回はナベールによって準備されたと見ることができよう。

66 Naulin, p.250

67 Naulin, p.251

68 自由論と倫理学の関係については、「徳の問題は自由の問題を特殊化したものに過ぎない」(Dialectique des vertus in *Revue de metaphysique et de morale*.77, p.416) という発言から、前者をより基礎的で包括的と規定していることが伺われる。

69 Op.cit. p.413

70 Op.cit. p.420

71 ロベレヒトは、以上見てきたような、行為により自己の人格を創造していく能力をフッサールの「超越論的構成」と対比し、後者が前者の「諸表現の一つ」でしかないと述べる。しかし、フッサール現象学と比較した場合のナベール哲学の魅力は、その具体性にあり、また強みは、主観性の倫理的側面に注目した点に存する。これは、現象学研究者ロベレヒト自身が認める事実である。「次のことは誰も否定しないだろう。フッサールがひたすらこだわる自我は認識主体であること、そして、ナベールは、そのような主体が具体的な主体の諸側面の一つ、しかも大して立派でもない一側面でしかないことをたえず強調し、いつもそうした主体の特殊性を補おうとしていること。ナベールの主体は具体的で生き生きした自我であり、人生の意味や、仕事での必要性や、希望の実現見込みに関する、差し迫った問題に取り組んでいる自我である」。L. Robberechts, Réflexion phénoménologique et réflexion éthique in *Les études philosophique*, 17(3), 1962, p.415

72 Nabert, Dialectique des vertus, p.79

73 A.Clair, Exister en caractère in Revue philosophique internationale, p.78

74 ただし、感情の先行性がもっぱら悪について論じられている点に注意すべきである。メタ倫理学の分野においては、すぐ後で述べるように、道徳法則ないし義務を原理とするカント倫理学に対して、ヒュームに代表される、道徳感情を道徳性の原理に据える思想が対置される。情緒主義 emotivism と呼ばれるこの思想は、道徳性全般を同時に、つまり、善と悪の相違に特別配慮を払うことなく同様に扱っている。ところが、『悪についての試論』においてナベールが感情の先行を主張するのは、悪に関してのみである。具体的経験に迫るために悪に限定して道徳論を展開しているその慎重さは、相応に評価されてしかるべきである。

75 Ricœur, Soi-même comme un autre, p.200

76 『単なる理性の限界内の宗教』四六ページ

77 同書七七ページ、傍点筆者

78 同書七六ページ

79 ただし、性向の制約と目標の制約には重大な相違点もある。性向は代償が効かない。つまり、断念された欲求は別の欲求の充足によって満たされることはありえない。だが、目標は相互に重なりあって存在しうる。つまり、一つの目標の実現が別の目標を部分的かつ間接的に実現することは可能である。確かに、現存の諸可能性を選択しなければならないという「禁欲」を完全に免れることは不可能だとしても、制約を緩め、拘束的性格を弱める何らかの試みがあってしかるべきである。その試みについて、ナベールは、「個々の目標が何らかの仕方で他のすべての目標を包み込み、固有の内容によってそれらを補足し、全体的な自我 moi total の熱望に応えられるものでなければならない」(EE134) と述べるのである。このように、諸目標を、互いに相容れない断絶した関係ではなく、相互に調和し選び取られた目標が断念された目標を部分的に補うという関係のもとで統合することが可能である点に、目標の制約の特徴がある。たとえば、仕事での忠実さの選択は家族への思いやりという目標の全面的かつ直接的実現を犠牲にするかもしれない。だが、務めを果たし安定した収入を得ることを通して、部分的、間接的に家族への思いやりを実行することは可能である。「全体的な自我の熱望」は、ある目標の実現は同時に他の目標の部分的間接的な実現にもなるという、諸目標の相互内含的構造を要請するのである。

80 思想史上、道徳学説は、法則もしくは原理を設定しそれを規準として道徳的善悪を規定する立場と、感情に基づいて規定する立場とに分けられるが、この分類ではナベールの考え方は後者に属することになろう。なお、ナベールは、法則を基準とする規定は行為を対象とするが、他方、感情に基づく道徳性の規定は自己の存在を対象とするという両者の相違について強調する。この点については次章で詳しく述べる。

81 カントが『宗教論』で提示した「根元悪」としての「不純さ」を自己欺瞞として規定したルブールによれば、悪とは本質的に曖昧なものである。人は自分の道徳性に関しては明晰さを欠いており、自分が道徳的ではないことを自覚しているほど十分に明晰であることめったにない。本当の過ちとは、「この明晰さの芽を摘み取る étouffer こと」(Reboul, p.104) にある。それは、具体的には次のような事態である。「悪、それは、単に原子爆弾のみならず、これほど多くの尊敬すべき人々が核戦争の偶発性を受け入れているという事実である。悪、それは、単に[ある国が]発展途上にあると言うことのみならず、[他国の]大衆がそれを甘受し、責任のある人々が、利欲にまみれた子供っぽい自己満足によって、発展途上にあることをほとんど取り返しのつかないものにしている。悪、それは単に、悪魔的で狂気じみた企てを抱いたヒトラーのみならず、それらの企てが、何百万もの勇気ある人々の熱意のおかげで危うく実現するところだった、ということだ」(Ibid.)。核兵器、経済格差、ナチズムそれ自体のみならず、むしろそれ以上に、これらの存在を曖昧な態度のまま容認しているそのことが、不純さという悪だというわけである。核兵器の必要性を主張したり、経済格差の必然性を実証したりすることは、それらのもたらす弊害を踏まえての見解なら、何ら悪ではない。そうではなく、実態をよく知らないまま無関心の態度を取ることで実際には容認しておきながら、核兵器や経済格差により他人が蒙る苦しみに対して自分には何ら責任はないと己の潔白を疑わないことが不純さの真意である。この態度を変えるためには、まず、最低限の条件として、「自分にも何かできるのではないか、だとすると、少なくとも無知かつ無関心でいることに対して自分は責任があるのではないか」、との考えを、個人は抱く義務がある。それが「自己自身に対する義務」に該当すると思われる。

82 高橋克也「根本悪と他者―カントとナベール―」一四〜一五ページ

83 Th.Nagel, The limit of objectivity, p.126

84 Op.cit.p.127

85 The view from nowhere, p.181

86 アマルティア・センは、他者からの権利要求に基づく義務論的拘束を「コミットメント」と呼び、次のように定義している。「その人の手の届く他の選択肢よりも低いレベルの個人的厚生をもたらすということを、本人自身が分かっているような行為を［他者への顧慮ゆえに］選択する、ということ」。（『合理的な愚か者』一三四頁）このように選択の契機が強調されている点で、われわれの立場は、ネーゲルよりもセンに親近的である。

87 中島義道『悪について』（岩波新書、二〇〇五）、三一ページ。中島氏はこの箇所で、形式を「意志ないし動機と行為の「関係」であると述べているが、正確には、現実の行為で採用された意志ないし動機と、道徳法則に従った意志ないし動機との関係であろう。カントは、この両者の離反を悪と規定するのである。

88 カント『実践理性批判』一三六ページ、傍点原著者

89 同書一六〇ページ

90 同書一六七ページ

91 前者の考え方は、ヒュームやアダム・スミスの道徳感情論に一つの源流を持ち、「〈すべての道徳判断は、それらの判断の性格が道徳的もしくは評価的である限り、好みの表現、すなわち態度や感情の表現に他ならない〉とする教説」（A. MacIntyre, After virtue, University of Notre Dame Press, 1984, pp.11-12）である「情緒主義 emotivism」に連なりうる。ただし、情緒主義とナベールの立場は重要な点で異なっている。ナベールが「正当化できないものの感情」そのものを道徳概念に直結させるのに対し、情緒主義は善悪の道徳概念を常に判断の場面で考えており、したがって、マッキンタイアの定義にもあるように、道徳概念を、態度や感情の他者へ向けての表明、さらに言えば説得という文脈で捉えているのである（説得の側面を強調すれば、それはヘアの主張する「指令主義」へと重なり合うことになろう）。第三章で見るように、確かにナベールも「正当化できないものの感情」の共有について語り、そうした共感が悪の克服を可能にすると説く。だが、共感してくれない、あるいは理解しようとしないかもしれない他者とどのようにして道徳概念を共有するかという観点、言い換えれば、言語を介しての他者への開け、客観性の確保という観点は欠如している。ここにナベールの思想の弱点があることは認めねばならない。

他方、カントが拠って立つ後者の考え方の洗練された現代版は、政治哲学者ロールズの正義論に代表されよう。彼は、カントから普遍的な道徳法則とそれを遵奉する理性的人格という道具立てを借りてきて議論を展開する。その特徴は「善 good」の探求（道徳）に対する「正しさ right」の探求（政治）の優位であり、ロールズはカントの道徳哲学にこの構図を読み込む。「善に対する正しさの優位性はカント構成主義の特徴である」（John Rawls, 'Kantian constructivism in moral theory' in *Journal of philosophy* 1980, p.532）ロールズの正義論において、善とは、個人の生き方に関わる目標や関心であり、正しさとは、「正義の二原理」で定義されている「平等な基本的自由」と「機

会の平等」である。ロールズにより再構成されたカントの道徳理論は、感情を含めて個人的価値観が混入する善・悪の概念ではなく、制度の正・不正の概念の精緻化に寄与するものである。

92 ただし、「罪の感情」の概念は、ノーランも指摘するとおり、原罪というキリスト教の学説に依拠したものではない。cf. Naulin, p.270

93 道徳的感情に適切さや秩序を認め、それを主題化した哲学者としては、例えばアダム・スミスを挙げることができる。彼は、『道徳感情論』において、「中立的観察者」の観点から「共感」できる感情をわれわれは「是認」し、「共感」できない感情を「否認」する、という仕方で、感情の「適宜性 propriety」について説明している。現代の哲学者では、ウィリアムズが、「道徳性と感情」という論文で、「感情の構造 emotional structure」に言及している。「人間の行動の重要な単位、そして人間の判断と行動がともに適合するパターンは、それらを支えている感情の構造の観点から理解されなければならない」(Williams, Problems of the Self, p.222)。このように述べた後、「その種の理解の特殊だが中心的なケース」として、後悔や罪責感が取り上げられている。

94 『情念論』二八節

95 『情念論』五二節

96 アントニオ・ダマシオは、『生存する脳』(田中三彦訳、講談社、二〇〇〇年)という著作の中で、前頭葉の特定部位の損傷を受けたために、気まぐれで粗野な人格に豹変した人物、あるいは、将来の計画を立てたり自分にとってもっとも有利な行動を選択したりすることができなくなった人物の事例を証拠として、感情が脳のその部位の活動に依存していること、そして、感情が合理的行動の阻害要因であるどころか、むしろ、不可欠の要素であることを説いている。また、ダニエル・ゴールマンは、「感情的知性 emotional intelligence」なる用語を発案して、われわれが良好な人間関係を開拓・維持し、そうして社会生活を恙無く営むためには、感情、とりわけ共感によって、他者の気持ちやコミュニケーションの文脈を正しく把握することが必要であると主張している。(『ＥＱ 心の知能指数』、土屋京子訳、講談社、一九九六年)。他に、感情が進化の過程で淘汰されずに残ってきたという事実から、その意義を進化論の観点から説明する論者もいる。(ヴィクター・ジョンストン『人はなぜ感じるのか?』、長谷川真理子訳、日経ＢＰ、二〇〇一年)

97 Naulin, p.250

98 「罪の感情」や「正当化できないものの感情」の二つの特質、すなわち、①自己の存在の総体を対象とし、②触発をきっかけとする受動性の経験であること、これらと前出の「行為者相対性」の議論との関連を探っておこう。アマルティア・センは、「権利と行為者性」と題された論文(A. Sen, Right and Agency in *Philosophy and public affairs* Vol.11(1982), pp.3-39)で、「行為者中立性」の概念の限界を指摘し、道徳的思考に「行為者相対性」を導入する必要性を説いている。さらに彼は「行為者相対性」を「実行者相対性 doer relativity」(行為の評価は誰が実行するかによって影響を受ける)と「観察者相対性 viewer relativity」(行為の評価は誰が観察するかによって影響を受ける)を区別し、後者を「評価者相対性 evaluator relativity」と呼び名を改めて、別の論文(Evaluator Relativity and Consequential Evaluation in *Philosophy and public affairs* Vol.12 (1983), pp.113-132)でさらに詳しく論じている。こうした一連の議論は、帰結主義と「行為者相対性」の調和や、道徳的運の問題解明への寄与といったいくつかの試みと渾然一体となっているのだが、われわれにとって関心があるのは「評価者相対性」なので、この概念に絞って参照する。

センは、トマス・ネーゲルが道徳的運を説明する際に設定した状況（ある男―仮にジョーンズとする―が事故により重傷を負った同乗者を助けるために自動車を借りようとしたが、見知らぬ来訪者の切迫した様子に恐れをなした持ち主の老人が部屋に閉じこもってしまい、そこでジョーンズは仕方なく、取り残された幼い孫の手をひねって悲鳴を上げさせ、自分が本気であることを分からせようとする、という状況）や、シェークスピアの戯曲の主人公オセロの置かれた状況を例にとり、子供の手をひねった人物であること、デズデモナの夫であり殺人者であることは、「ある人物の立場をしっかり固定」することになると言い、次のように続ける。「オセロは、己の状況の評価のために、デズデモナの夫であり、愛する人であり、殺人者であることをやめることはできない。……そして、あなたが現実に子どもの手をひねっているのだとしたら、あなたはその状況をその立場［当事者の立場］から評価しなければならないのである。それは、別の立場からであればその状況はどのように評価されるかを想像する能力があなたに欠けているからではない。……そうではなくて、その状況における諸々の立場のうちの一つがまさしくあなた自身のものだからである」（Right and Agency, p.37）。われわれは、オセロや子供の手をひねったジョーンズと同様の立場にある人が過度に自分を責めていれば、その人に対して、「仕方がない」とか「あなたは悪くない」と声をかけ、第三者としての自分と同じ視点から事態を評価するように促す。そのときわれわれは次のように前提しているだろう。同じ状況に置かれれば、誰もが同じように行動していたかもしれないのだから、当事者であるからといって自らの行為を許せない悪と見なすべきではなく、事態の正当な評価のためには当事者の立場を離れることが必要だ、と。だが他方で、バーナード・ウィリアムズが「行為者に固有の後悔 agent-regret」に言及した文脈で指摘しているように（Moral luck in *Moral luck*, p.27-32）、当事者が第三者の説得にあっさり応じ、あたかも自分が事件には何のかかわりも持たないかのように論評し始めたとしたら、それはそれで説得した側に違和感を引き起こすだろう。センはこの違和感の原因を「評価者相対性」に見て取っているわけである。単に「行為者相対性」ではなく特に「評価者相対性」と言うのは、問題の核心が、「評価者は彼が評価している現状に道徳的に巻き込まれているかもしれず、状況についての彼の評価は現状への［己の］関与に注意を払わなければならないかもしれず」（Evaluator Relativity and Consequential Evaluation, p.119、傍点引用者）、また道徳性は、彼がこの重要な事実に注意を払って評価するよう要請するからである。（一般に論者が「行為者相対性」に言及するとき、それは、暗黙裡に、センのいう「実行者相対性」を意味しており、「評価者相対性」は考慮の範囲外にあることが多い。ここに、行為者相対性を分類し、「評価者相対性」を主題化したセンの功績がある）。これは、当事者が自分の巻き込まれた状況を評価するとき、つまり、評価者が実行者と一体化しているとき、評価者は自分が評価の対象となっている事柄の当事者であるという事実に特段の注意を払うことが道徳上要求される、ということである。ここから、第三者に説得されて即座に態度を変えた当事者への違和感は、この道徳的要求への背反として説明されよう。また、この要求は立場の固定性への要求とも言い換えられる。ある人物は、自分がそこから状況を評価すべき立場を自由に選ぶことはできず、現実にある立場を占める人物は、義務として、その立場から状況を評価しなければならない。当事者は当事者としての立場から状況を評価することを要求されるのである。以上のセンの主張をまとめれば、当事者は当事者としての立場から事態を評価すべきだ、ということになる。

ところで、センはこうした評価のあり方を義務や道徳上の要請と規定しており、もちろん現実にそうした側面も認められるが、やはりこれは強すぎる主張だろう。というのも、われわれは「行為者相対性」すなわち立場の固定性を、道徳性の命令というよりは、自然な心の動きとして経験するからである。ウィリアムズが指摘する当事者固有の後悔や悔恨とは、当事者が自分の直接関与した事柄を評価する際の、感情の次元での「行為者相対性」だと理解できるが、この感情にしても道徳的命令に応じて生じるものではない。不可抗力であったとはいえ、他者に被害を与えておきながら、それがまるで他人事であるかのように振舞う当事者に対しては、立場の固定を要請したくなる場合があるが、例えば、身近な人の死に関して、客観的にはその死にいかなる意味でも責任のない人が、なぜ助けられなかったのかと自分を責め続けるのは、義務や命令に強制されてのことではないし、また、そのような人に対して当事者である事実を殊更に強調することは、この上なく残酷な、却って非道徳的な行為として控えられる。よって、「行為者相対性」は、当事者に課せられた義務というよりは、当事者としての立場から評価せざるを得ないという事実を表した概念として理解するのが妥当である。

さて、行為者相対的な感情をこのように解釈しなおしたとして、立場の固定性は一体何に起因するのか、という問題が依然として残っている。この問いにはセンもウィリアムズも答えていない。そこで考えるに、立場が固定的となるのは、行為者相対的な感情が、「罪の感情」や「正当化できないものの感情」と同様、自己自身の存在を対象とし、かつ、受動的に経験されるという性質を有するからではないか。再度確認しておけば、その性質とは次のようなものである。自らがなした行動を客体化して客観的に評価するのではなく、その行動の主体たる自己の存在全体を審問する。また、規範からの要請に応えるべく意図的に状況の把握に努めることに伴って抱かれるのではなく、規範に照らして感じる必要はないと承知しつつも、なぜだか感じてしまう。こうした性質が、センが言うところの立場の固定性をもたらしているのだと思われる。触発される意識状態としての感情を深く考察するためには、次節でアンリを参照しつつ展開するように、〈自己の存在〉と〈受動性〉という概念への着眼が不可欠であり、センとウィリアムズの議論が不十分なままに終わっているのは、これらの概念の検討に踏み込んでいないからであると推測される。

99 アンリによるナベールへの言及は『精神分析の系譜』第4章の注16に見られる。アンリはそこでナベールの論文「カントにおける内的経験」を、フランスにおける高水準のカント研究の一例として取り上げている。また、アンリと親交のある松永澄夫氏によれば、アンリはナベールの『自由の内的経験』を自由論の画期的な著作として非常に高く評価していたとのことである。

100 Michel Henry, L'Essence de la manifestation, 1963, PUF, p.578

101 Op.cit. p.640

102 デカルトに関しては Op.cit. pp.642-643、「現代哲学」については pp606-607。あるいは次の箇所も同じ趣旨のことを述べている。「感情とは、知覚されることができないもの、客観性という身分を原理上退けるものである」。Op.cit. p.730

103 Op.cit. p.580

104 Op.cit. p.578

105 Op.cit. p.581

106 Op.cit. p.732

107 Op.cit. p.820

108 Op.cit. p.852

109 ナベールは、自己正当化の心的機制が「罪の感情」を解消する仕組みについて叙述している。(cf. EM100-101) 人は、自らが下した道徳法則に反する決断の原因を、恐怖、欲望、利害関心など感性的な動機に求める。ところが、それらの動機を道徳法則に優先させたその裏側の事情については見ようとはしない。つまり、人は、内省において、決断の原因を偶発的な要因に求め、意識の原因性にまでは踏み込まないことによって、決断が自己の存在全体に及ぶのを阻止し、結果として「罪の感情」を解消するという次第である。このように事態を理解することで、ナベールは、「罪の感情」を過度に自己懲罰的な人物に特有の不合理な感情として切って捨てるのではなく、その感情を解消するメカニズムの存在を示唆しているわけである。

110 Op.cit. p.598

111 Op.cit. p.681

112 Op.cit. p.689

113 ただ、一見そう見えるように、逆も全く同じように成り立つかどうかは疑わしい。ある人物を正直者だというとき、その人がうそつきでありうると肯定しても、うそつきであるべきだとは考えないからである。したがって、引用中の「否定」とは、純粋に認識上の判断ではなく、評価的な判断を意味していると解すべきだろう。うそつきであることに対して否定的評価を下すことが同時に、その人には欠けている誠実さという価値性質の肯定もしくは要求になっている、というわけである。そうすると、いくつか例示された〈善い性質―悪い性質〉の対概念の間で対称性が成り立たないのも納得がいく。ある人物を臆病だと否定的に評価することは、同時に勇敢さを肯定し要求することであるが、勇敢だと肯定的に評価することは、それ自身で完結しており、臆病さを肯定することも要求することもない。

114 Bergson, Évolution créatrice, p.274

115 「われわれは権力や虚栄の情念を、〜からの退廃としてのみ、それらの本質において理解する」、「別の事実、別の体制、別の領域を想像することによって、私は可能的なものを認め、可能なものの内に本質的なものを認める」(『人間　この過ちやすきもの』邦訳一七五ページ)と語るリクールも、ナベールと同様、不等性に倫理の原理を見出しているものと思われる。

116 本書では、以下の著書を参考にして主観主義ならびに情緒主義を定義した。G.Harman, The Nature ofMorality, Oxford (大庭・宇佐美訳『哲学的倫理学序説』産業図書) の第三章と第四章、J.L.Mackie, ETHICS-Inventing Right and Wrong, Penguin Books (加藤尚武監訳『倫理学』哲書房) の第一章、J.Rachels, The Elements of Moral Philosophy, MacGraw-Hill (古牧・次田訳『現実をみつめる道徳哲学』晃洋書房) の第三章、A.MacIntyre 前掲書の第二章と第三章。

117 Naulin, p.319

118 いわゆる討議倫理学を提唱するハーバマスは、他者との論議の必要性を次のように説く。「すべての個人がしかも一人ひとりでこのような沈思黙考を行い、その後に自分の諾否を登録するというのでは全く不十分なのである。必要とされるのは、むしろ、関与者たちが共同して参加する「実際の」論議に他ならない。間主観的な了解プロセスのみが、反省的な性質を備えた諒解をもたらすことができる」（三島・中野・木前訳『道徳意識とコミュニケーション』岩波書店、一一〇ページ）。ここには、普遍妥当的な道徳法則の天下り的な措定とは異なる、価値共有への道筋が構想されている。ただ、論議の必要性を主張するだけでは、道徳の基礎論としては不十分であろう。各人がどのような態度で公共的な場での論議に臨むのか、また、そのような場で漏れ落ちてしまうものは何か、を考える上でも、他者との交流の条件まで視野に入れることが求められる。

119 Op.cit.p.397

120 Naulin, p.230

121 例えば、マッキー前掲書の第四章、あるいはD.Wiggins,"Universalizability, Impartiality, Truth" in *Needs, Values, Truth*, 1987 裁定者が、非難されるべき行為をなした弁明者の立場に身を置くという事例に関しては、次を参照のこと。Th.Nagel, The view from nowhere, 1986, pp.120-124

122 cf. Naulin, pp.299-300

123 cf. Naulin, pp.401-402

124 ジョン・サール『ＭｉＮＤマインド 心の哲学』二八〇～二八一ページ

参考文献（本文中で引用したものだけを挙げる）

ナベールの著書

L'expérience intérieure de la liberté : et autres essais de philosophie morale, PUF, 1994.(EL).

Éléments pour une éthique, PUF, 1943. (EE).

Essai sur mal, cerf, 1997. (EM).

Le désir de Dieu, Aubier, 1966

ナベールの論文

《Dialectique des vertus》, in *Revue de métaphysique et de morale*, 77, pp.409-433, 1972.

その他の文献

Bergson, H, *Essai sur les données immédiates de la conscience*, PUF, 5e édition《Quadrige》, 1993

Bergson, H, *L'évolution créatrice*, PUF, 6e édition《Quadrige》, 1994

Clair, André, 《Exister en caractère Au principe de la vie éthique》, in *Revue Philosophique de Louvain*, 2001, pp.73-98

Davidson, Donald, *Actions and Events*, Oxford, 1985

Descartes, René, *Les passions de l'âme :introduction et notes par Genevième Rodis-Lewis*, Vrin, 1966

Derrida, Jacques, *Donner la mort*, 1999, Galilée

Derrida, Jacques, *Force de loi*, 1994, Galilée

Franck, Robert, 《Les traits fondamentaux de la méthode de Jean Nabert》, in *Revue philosophique de Louvain* 63, pp.97-115, 1965

Harman, G, *The Nature of Morality*, Oxford（大庭健・宇佐美公生訳『哲学的倫理学叙説』産業図書、一九八八）

Henry, Michel, *L'Essence de la manifestation*, PUF, 1963

John Rawls,《Kantian constructivism in moral theory》, in *Journal of philosophy* 1980

Kant, Immanuel ,*Die Religion innerhalb der Grenzen der bloßen Vernunft*「単なる理性の限界内の宗教」（『カント全集 一〇』、北岡武司訳、岩波書店、二〇〇〇）

Kant, Immanuel ,*Kritik der praktischen Vernunft*（波多野精一・宮本和吉訳、『実践理性批判』岩波文庫、一九七九）

Kant, Immanuel ,*Kritik der reinen Vernunft*（篠田英雄訳、『純粋理性批判』岩波文庫、一九六一）

Kant, Immanuel ,*Grundlegung zur Metaphysik der Sitten*（篠田英雄訳、『道徳形而上学原論』岩波文庫、一九七六）

Levert, Paule ,《JEAN NABERT Une philosophie de l'intériorité pure》, in *Archives de philosophie*, 1968

Levert, Paule, *L'idée de commencement*, Aubier, 1961

Levinas, Emmanuel, *Totalité et infini*, Nijhoff

MacIntyre, Alasdair, *After virtue*, University of Notre Dame Press, 1984

Mackie, J.L., *ETHICS-Inventing Right and Wrong*, Penguin Books（加藤尚武監訳『倫理学』哲書房、一九九〇）

Maine de Biran, *Œuvres*, éd. par P. Tisserand, t. VIII-IX, Slatkine, 1982

Maine de Biran, *Œuvres*, publiées sous la direction de F. Azouvi, t. IV, Vrin, 1988

Nagel, Thomas, *The view from nowhere*, Oxford, 1986

Nagel, Thomas, *Mortal questions*, Cambridge University Press, 1979

Naulin, Paul, *L'itineraire de la conscience : etude de la philosophie de Jean Nabert*, Aubier, 1963

Naulin, Paul, *Le problème de Dieu dans la philosophie de Jean Nabert(1881-1960)*, Faculté des Lettres et Sciences humaines de l'Université de Clermont-Ferrand II, 1980

Reboul, Olivier, *Kant et le problème du mal*, Presses de Université de Montreal, 1971

Ricœur, Paul, *De l'interprétation, essai sur Freud*, Editions du Seuil, 1965

Ricœur, Paul, *Du texte à l'action*, Seuil, 1986

Ricœur, Paul, *Finitude et culpabilité1 : l'homme faillible*, Aubier, 1960

Ricœur, Paul, *La mémoire, l'histoire, l'oubli*, Seuil, 2000

Ricœur, Paul, *Philosophie de la volontéI Le volontaire et l'involontaire*, Aubier, 1988

Ricœur, Paul, *Soi-même comme un autre*, Seuil, 1990

Ricœur, Paul, L'acte et le signe selon Jean Nabert in *Les Etudes philosophiques*, 1962, pp.339-349

Robberechts, Ludovic《Réflexion phénoménologique et réflexion éthique》, in *Études philosophique*, 1962, pp.403-420
Rosenfield, Denis, *Du Mal*, Aubier, 1990
Ryle, Gilbert, *The concept of mind*, 1949（『心の概念』、坂本百大監訳、みすず書房、一九八七）
Searle, J.R., *Mind : A Brief Introduction*, 2004（『ＭｉＮＤ 心の哲学』、山本貴光・吉川浩満訳、朝日出版社、二〇〇六）
Sen, Amartya,《Evaluator Relativity and Consequential Evaluation》in *Philosophy and public affairs* Vol.12 (1983), pp.113-132
Sen, Amartya,《Right and Agency》in *Philosophy and public affairs* Vol.11(1982), pp.3-39
Strawson, Peter,《Freedom and resentment》in *Free will* ed. by Gary Watson, Oxford, 1982
Taylor, Charles, *The ethics of authenticity*（『ほんものという倫理』、田中智彦訳、産業図書、二〇〇四）
Taylor, Charles, *Philosophical papers* 1, Cambridge, 1985
Williams, Bernard, *Moral luck, philosophical papers, 1973-1980*, Cambridge, 1981
Williams, Bernard, *Problems of the Self : philosophical papers, 1956-1972*, Cambridge, 1976
岩田文昭『フランス・スピリチュアリスムの宗教哲学』、創文社、二〇〇一
松永澄夫「意識と我」（『テオリア』第二八巻、九州大学教養学部、一九八五、所収）
中島義道『悪について』、岩波新書、二〇〇五
高橋克也「根本悪と他者―カントとナベール―」（『論集一四』、東京大学大学院人文社会系研究科哲学研究室、一九九六、所収）

あとがき

本書は、二〇〇六年六月に東京大学大学院人文社会系研究科に提出した博士論文「ジャン・ナベールの道徳哲学――他者と世界を介した自己理解の探究――」を、出版に際して大幅に書き改めたものである。一般の読者の方々にも興味を持ってもらえるように、はしがきと全体の結論を新たに書き加えた。

ジャン・ナベールの哲学と筆者の関係について簡単に触れておこう。

筆者は大学院の修士課程までベルクソンという哲学者を研究対象としていたが、修士論文を書き上げ、博士課程に進学する頃には、研究に行き詰まりを感じていた。その原因の一つに、当時の関心が、ベルクソン哲学の本領である記憶や時間といった認識論のテーマから、倫理学・道徳哲学のテーマに移っていたという事情がある。卒業論文を執筆する過程で出会った自由の問題にいつか本格的に取り組みたいという思いもあった。そこで、数年前から少しずつ読み進めていたナベールに目をつけた。

当時も十分自覚していたが、いろんな意味で危うい選択だった。

哲学を専攻する大学院生の大部分は、修士課程と博士課程で同じ哲学者を研究対象とする。というのは、博士論文で要求される水準の論考を仕上げるためには、修士課程の年限である二年を合わせた五年という準備期間がどうしても必要だからである。博士課程に進学してから研究対象を変えるのはどう考えても無謀な企てである。

結局、やはり正規の在籍期間内には論文は完成せず、三年超過することとなった。

ナベールが極めてマイナーな哲学者であることも不安の種だった。本書の冒頭でも紹介したように、日本では翻訳はおろかモノグラフすら存在せず、本国フランスでも出版されているモノグラフはわずかに一冊であった。それゆえ、全著作を自前で翻訳する必要に加え、その唯一のモノグラフで言及されていないテクストについてはすべて独力で解釈しなければならないという苦労が予想された。ただ、そうした苦労がある反面、研究が手薄なので自由に物が言えるだろうとの計算が働いたこと、これは紛れもない事実である。

ナベールの文章は難解であった。文脈を正確に理解していないと文意の見当すらつかない箇所がいくつもあった。しかし、解釈の作業はさほど苦痛ではなかった。難解な文章を頭の中で泳がしている内に、そこに伏在する思想がぼんやりとした輪郭を取り始め、こちらが枠組みを設定して誘い水を向けると、思想の輪郭が俄然鮮明さを増す。幾度となくそのような新発見の興奮を味わえたからである。英米哲学流のクリアカットな図式を当てはめて強引に議論の整理を試みても、必ずある側面がそこから漏れ出してしまい、その過剰な部分を見出すたびに、ナベールの思想のユニークさに対する確信は強まった。

論文は何とか完成した。そして出版の運びとなった。

本書をきっかけとして、ナベールの思想、あるいは反省、自由、倫理と感情といった哲学の問題に関心を抱く人が現れるとしたら、筆者としてこれに優る喜びはない。

最後に、博士論文および本書を書き上げるまでにお世話になった方々にお礼を申し上げておきたい。

まず、学部生の頃からご指導いただいた松永澄夫先生。「生活をより楽しむために世界の中により多くの意味を見出そうとする営み、それが哲学だ」という、先生が身をもって示してくださった学問観は、今後も私の研究活動の揺るぎない指針であり続けるだろう。そして、哲学史研究の重要性と面白さを教えてくださった鈴木泉先生。ナベール研究の先達として、筆者が直面した解釈上の様々な問題について示唆を与えてくださった杉村靖彦先生。

本書の出版に当たりご尽力賜った東信堂の下田勝司氏。筆者のわがままとも取れるこだわりを快く受け入れてくださった。

私事に渉り恐縮であるが、物心両面で支え続けてくれた父昭と母美和子。二人の温かい励ましのおかげで長年の目標を達成することができた。哲学研究者という職業選択を「君に合った仕事だよ」と後押ししてくれる親はなかなかいないと思う。この場を借りて改めて感謝の気持ちを表しておきたい。

事項索引

人名索引

■著者紹介

越門　勝彦（こえもん　かつひこ）

1973年　奈良県に生まれる
2006年　東京大学大学院人文社会系研究科博士課程単位取得退学
　　　　博士（文学）学位取得
現在　　神奈川大学、成城大学、立教大学非常勤講師
共著　　『ベルクソン読本』、法政大学出版局、2006年

La philosophie de la réflexion

省みることの哲学——ジャン・ナベール研究

2007年9月20日　初版　第1刷発行　〔検印省略〕

＊定価はカバーに表示してあります

著者©越門勝彦　発行者　下田勝司　印刷・製本　中央精版印刷

東京都文京区向丘1-20-6　郵便振替 00110-6-37828

〒113-0023　TEL 03-3818-5521(代)　FAX 03-3818-5514

E-Mail tk203444@fsinet.or.jp

発行所
株式会社 東信堂

Published by TOSHINDO PUBLISHING CO.,LTD.

1-20-6,Mukougaoka, Bunkyo-ku, Tokyo, 113-0023, Japan

ISBN978-4-88713-783-7　C3010　

東信堂

【世界美術双書】

- バルビゾン派　井出洋一郎　二〇〇〇円
- キリスト教シンボル図典　中森義宗　二三〇〇円
- パルテノンとギリシア陶器　関　隆志　二三〇〇円
- 中国の版画—唐代から清代まで　小林宏光　二三〇〇円
- 象徴主義—モダニズムへの警鐘　中村隆夫　二三〇〇円
- 中国の仏教美術—後漢代から元代まで　久野美樹　二三〇〇円
- セザンヌとその時代　浅野春男　二三〇〇円
- 日本の南画　武田光一　二三〇〇円
- 画家とふるさと　小林　忠　二三〇〇円
- ドイツの国民記念碑—一八一三—一九一三年　大原まゆみ　二三〇〇円
- 日本・アジア美術探索　永井信一　二三〇〇円
- インド、チョーラ朝の美術　袋井由布子　二三〇〇円

【芸術学叢書】

- 芸術理論の現在—モダニズムから　藤枝晃雄・谷川渥 編著　三八〇〇円
- 絵画論を超えて　尾崎信一郎　四六〇〇円
- 幻影としての空間—図学からみた東西の絵画　小山清男　三七〇〇円
- 美術史の辞典　P・デューロ他 中森義宗・清水忠訳　三六〇〇円
- 図像の世界—時・空を超えて　中森義宗　二五〇〇円
- バロックの魅力　小穴晶子編　二六〇〇円
- 新版 ジャクソン・ポロック　藤枝晃雄　二六〇〇円
- 美学と現代美術の距離—アメリカにおけるその乖離と接近をめぐって　金　悠美　三八〇〇円
- ロジャー・フライの批評理論—知性と感受性の間で　要　真理子　四二〇〇円
- レオノール・フィニ—境界を侵犯する新しい種　尾形希和子　二八〇〇円
- アーロン・コープランドのアメリカ　G・レヴィン／J・ティック 奥田恵二訳　三二〇〇円
- イタリア・ルネサンス事典　J・R・ヘイル編 中森義宗監訳　七八〇〇円
- キリスト教美術・建築事典　P・マレー／L・マレー 中森義宗監訳　続　刊
- 芸術／批評　0〜3号　藤枝晃雄責任編集　一六〇〇〜二〇〇〇円

〒 113-0023　東京都文京区向丘 1-20-6　TEL 03-3818-5521　FAX03-3818-5514　振替 00110-6-37828
Email tk203444@fsinet.or.jp　URL:http://www.toshindo-pub.com/

※定価：表示価格（本体）＋税

東信堂

- 教育の平等と正義　K・ハウ著　大桃敏行・中村雅子・後藤武俊訳　三二〇〇円
- 大学教育の改革と教育学　K・ノイマン著　小笠原道雄・坂越正樹監訳　二六〇〇円
- ドイツ教育思想の源流―教育哲学入門　R・ラサーン著　平野智美・佐藤直之・上野正道訳　二八〇〇円
- フェルディナン・ビュイッソンの教育思想―第三共和政初期教育改革史研究の一環として　尾上雅信　三八〇〇円
- 経験の意味世界をひらく―教育にとって経験とは何か　市村・早川・松浦・広石編　三八〇〇円
- 洞察＝想像力―知の解放とポストモダンの教育　D・スローン著　市村尚久・早川操監訳　三八〇〇円
- 文化変容のなかの子ども―経験・他者・関係性　高橋勝　二三〇〇円
- 教育の共生体へ―ボディ・エデュケーショナルの思想圏　田中智志編　三五〇〇円
- 人格形成概念の誕生―近代アメリカの教育概念史　田中智志　三六〇〇円
- サウンド・バイト：思考と感性が止まるとき　小田玲子　二五〇〇円
- 体験的活動の理論と展開―「生きる力」を育む教育実践のために　林忠幸　二三八一円
- 学ぶに値すること―複雑な問いで授業を作る　小田勝己　二二〇〇円
- 学校発カリキュラム―日本版「エッセンシャル・クエスション」の構築　小田勝己編　二五〇〇円
- 階級・ジェンダー・再生産―現代資本主義社会の存続メカニズム　橋本健二　三二〇〇円
- 再生産論を読む―バーンスティン、ブルデュー、ボールズ＝ギンティス、ウィリスの再生産論　小内透　三二〇〇円
- 教育と不平等の社会理論―再生産論をこえて　小内透　三二〇〇円
- 情報・メディア・教育の社会学―カルチュラル・スタディーズしてみませんか？　井口博充　二三〇〇円
- オフィシャル・ノレッジ批判―保守復権の時代における民主主義教育　M・W・アップル著　野崎・井口・小暮・池田監訳　三八〇〇円
- 新版　昭和教育史―天皇制と教育の史的展開　久保義三　一八〇〇〇円
- 地上の迷宮と心の楽園〔コメニウスセレクション〕　J・コメニウス　藤田輝夫訳　三六〇〇円

〒113-0023　東京都文京区向丘 1-20-6　TEL 03-3818-5521　FAX03-3818-5514　振替 00110-6-37828
Email tk203444@fsinet.or.jp　URL:http://www.toshindo-pub.com/

※定価：表示価格（本体）＋税

東信堂

大学再生への具体像	潮木守一	二五〇〇円
大学行政論Ⅰ	川本八郎・近森節子 編	二三〇〇円
大学行政論Ⅱ	伊藤昇・川本八郎 編	二三〇〇円
もうひとつの教養教育―職員による教育プログラムの開発	近森節子編著	二三〇〇円
大学の管理運営改革―日本の行方と諸外国の動向	江原武一・杉本均 編著	三六〇〇円
大学のイノベーション―経営学と企業改革から学んだこと	坂本和一	二六〇〇円
新時代を切り拓く大学評価―日本とイギリス	秦由美子編著	三六〇〇円
私立大学の経営と教育	丸山文裕	三六〇〇円
校長の資格・養成と大学院の役割	小島弘道編著	六八〇〇円
原点に立ち返っての大学改革	舘昭	一〇〇〇円
改めて「大学制度とは何か」を問う	舘昭	一〇〇〇円
短大からコミュニティ・カレッジへ―飛躍する世界の短期高等教育と日本の課題	舘昭編著	二五〇〇円
現代アメリカのコミュニティ・カレッジ―その実像と変革の軌跡	宇佐見忠雄	二三八一円
日本のティーチング・アシスタント制度―大学教育の改善と人的資源の活用	北野秋男編著	二八〇〇円
アメリカ連邦政府による大学生経済支援政策	犬塚典子	三八〇〇円
アジア・太平洋高等教育の未来像	静岡県総合研究機構 馬越徹監修	二五〇〇円
戦後オーストラリアの高等教育改革研究	杉本和弘	五八〇〇円
大学教育とジェンダー―ジェンダーはアメリカの大学をどう変革したか	ホーン川嶋瑤子	三六〇〇円
アメリカの女性大学：危機の構造	坂本辰朗	二四〇〇円
〔講座「21世紀の大学・高等教育を考える」〕		
大学改革の現在〔第1巻〕	有本章・山本眞一 編著	三二〇〇円
大学評価の展開〔第2巻〕	山野井敦徳・清水一彦 編著	三二〇〇円
学士課程教育の改革〔第3巻〕	絹川正吉・舘昭 編著	三二〇〇円
大学院の改革〔第4巻〕	江原武一・馬越徹 編著	三二〇〇円

〒113-0023　東京都文京区向丘 1-20-6　TEL 03-3818-5521　FAX03-3818-5514　振替 00110-6-37828
Email tk203444@fsinet.or.jp　URL:http://www.toshindo-pub.com/

※定価：表示価格（本体）＋税